DES

ÉPIDÉMIES

QUI ONT RÉGNE DANS L'ARRONDISSEMENT DE ROUEN

DE 1814 A 1850

Par le Dr VINGTRINIER

Médecin des épidémies, membre du Conseil d'hygiène publique et de la
Commission sanitaire, médecin des Prisons et des Bureaux de
bienfaisance, membre de plusieurs Sociétés savantes.

ROUEN

IMPRIMERIE DE ALFRED PÉRON

Rue de la Vicomté, 55

—

1850

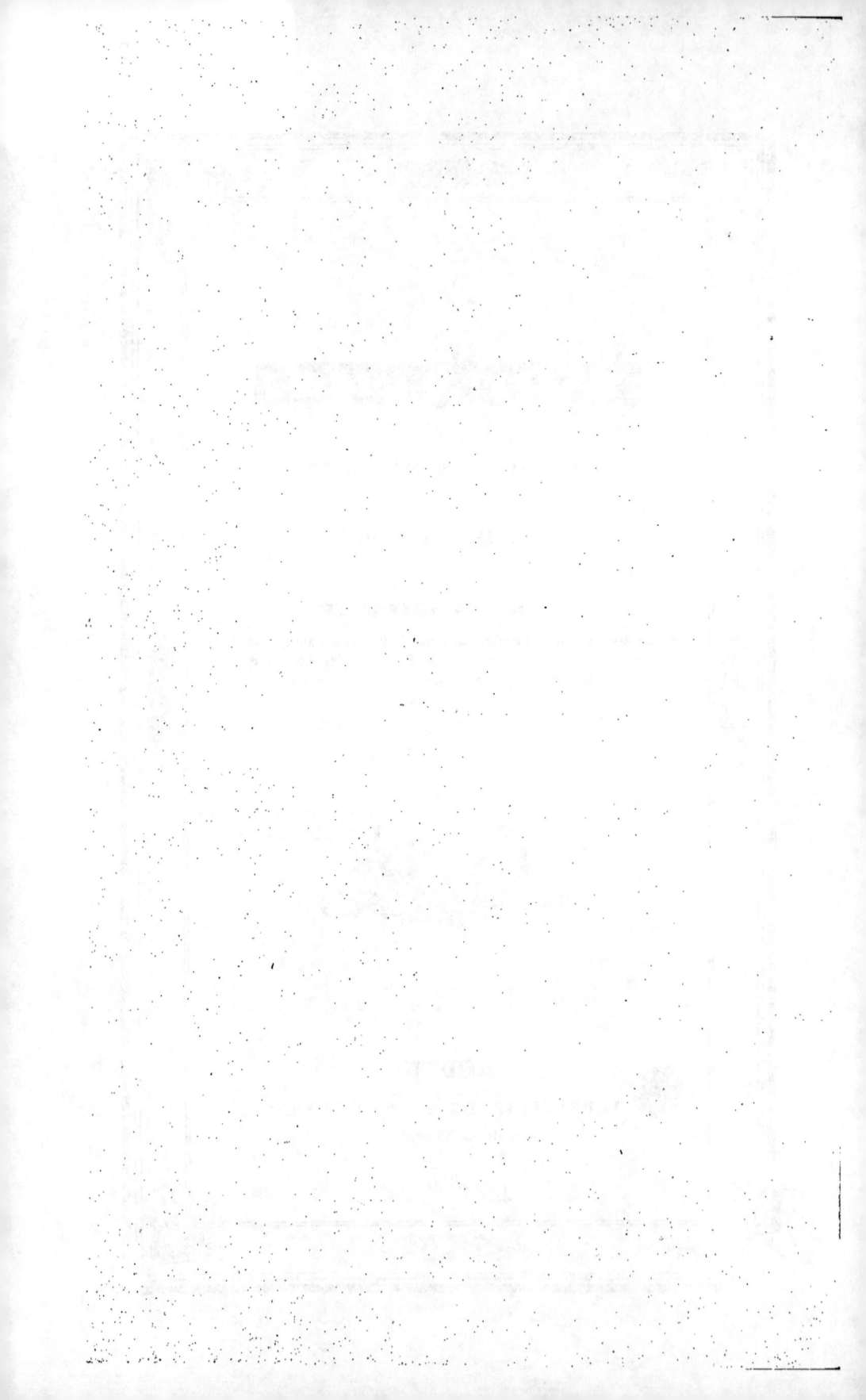

DES

ÉPIDÉMIES

QUI ONT RÉGNE DANS L'ARRONDISSEMENT DE ROUEN

DE 1814 A 1850

Par le Dr VINGTRINIER

Médecin des épidémies, membre du Conseil d'hygiène publique et de la
Commission sanitaire, médecin des Prisons et des Bureaux de
bienfaisance, membre de plusieurs Sociétés savantes.

ROUEN

IMPRIMERIE DE ALFRED PÉRON

Rue de la Vicomté, 55

—

1850

DU CHOLÉRA DE 1849

DANS L'ARRONDISSEMENT DE ROUEN,

ET

DES ÉPIDÉMIES QUI Y ONT RÉGNÉ

DEPUIS 1814,

Par le Dr VINGTRINIER,

Médecin des épidémies, membre du Conseil d'hygiène publique et de la
Commission sanitaire, médecin des Prisons et des Bureaux de
bienfaisance, membre de plusieurs Sociétés savantes.

Mémoire adressé à l'autorité, comme Rapport officiel, le 25 novembre,
et lu le 1er décembre 1849, au Conseil d'hygiène publique, qui en
a ordonné l'impression dans ses actes.

— Felix qui potuit rerum cognoscere causas. —

PREMIÈRE PARTIE.

L'épidémie désastreuse qui vient pour la deuxième fois
de frapper en France un grand nombre de victimes, n'a
pas épargné notre département; mais heureusement elle
a sévi à un moindre degré qu'en 1832 ; beaucoup de familles de toutes conditions ont eu des pertes à déplorer,
et quelques contrées ont eu à subir toute la stupeur que
répand, dans une population restreinte et concentrée, une
grande et meurtrière épidémie.

Chargé de la mission, dévolue à quelques médecins dans

chaque département (1), d'aller visiter tous les foyers épidémiques pour donner à la fois des conseils aux malades et des renseignements exacts à l'administration, soit sur les mesures de salubrité ou les soulagements à apporter aux misères, soit sur les faits produits par le fléau ; chargé, dis-je, des fonctions de médecin des épidémies, j'ai fait plusieurs rapports à l'autorité sur le résultat de mes excursions, et, de ces rapports, j'ai résumé, sous la forme la plus concise, les faits principaux de l'épidémie, premier objet de cette communication.

Je prie le Conseil d'hygiène publique de lui accorder son attention et sa bienveillance.

D'abord, je dis tout haut que, dans cette grande cala-mité, j'ai eu le bonheur de voir beaucoup de dévouements se produire parmi les témoins des souffrances des malades, parmi les administrateurs et les membres du clergé. De leur côté, les médecins, plus que personne, ont eu à offrir leur concours dans ces actes honorables, et chacun a pu se convaincre qu'ils ont servi l'humanité avec désintéres-sement et abnégation, sans égard aux fatigues et aux

(1) Le service des épidémies est actuellement confié : /

1° Pour l'arrondissement de Rouen, à M. Vingtrinier, nommé le 5 avril 1828 ; et à M. Avenel, nommé adjoint, le 25 mars 1832 ;

2° Pour l'arrondissement d'Yvetot, à M. Lefebvre, nommé le 23 mai 1812 ; et à M. Lechaptois, (aujourd'hui décédé ;)

3° Pour l'arrondissement de Dieppe, à M. Quemont, nommé le 6 janvier 1829 ;

4° Pour l'arrondissement de Neufchâtel, à M. Caron, nommé le 6 janvier 1829 ;

5° Pour l'arrondissement du Havre, à MM. Lecadre et Langevin, nommés le 30 juin 1838

dangers. Puissent-ils, en récompense, avoir obtenu de leurs concitoyens un peu d'estime et de reconnaissance !

Le choléra de 1849 a commencé ses ravages en France, si je ne me trompe, par le petit port de la Manche, nommé Yport, qui ne compte guère que trois cents habitants ; c'était à la fin de novembre 1848 ; quelques jours après, en décembre, la ville de Fécamp, qui en est proche voisine, a été atteinte ; en peu de jours, on a compté, dans le village, 58 décès sur 164 cas, et, dans la ville, 113 décès sur 380 cas, ainsi que le démontre le rapport fort intéressant du docteur Liépard, de Fécamp. Ce début était effrayant.

Pendant qu'il régnait à Yport et à Fécamp, le choléra commençait ses ravages au Havre. A Rouen, il a été *constaté* officiellement, le 18 février 1849, chez la femme d'un marinier de Paris, dont le bateau était amarré au quai de la Madeleine, c'est-à-dire à l'extrémité *ouest* du port ; deux jours après, une belle jeune fille des Andelys, en passage à Rouen, et demeurant chez ses parents sur le port, à l'extrémité *est*, montrait le deuxième cas. A partir de cette date, la maladie a pris le caractère épidémique décélé par le nombre des faits observés, et, comme en 1832, en commençant par le faubourg Saint-Sever, au midi de la ville ; l'air ambiant était méphitisé.

Aujourd'hui, au mois de novembre, après neuf mois d'un séjour désastreux, le *choléra* est disparu comme épidémie, et si quelques cas se révèlent encore, ils sont fort rares. L'épidémie aura donc duré six mois, et le *choléra* se sera montré pendant toute l'année 1849.

Après Rouen, la ville de Darnétal a pris rang ; puis Elbeuf, Dieppedalle, Oissel, Pavilly, Maromme et Bondeville.

En résumant les cas connus de l'autorité, jusqu'au 15 novembre 1849, j'ai dressé le tableau ci-dessous.

Nos d'ordre.	LOCALITÉS.	DATE de l'invasion.	DATE de la FIN.	NOMBRE DES CAS DÉCLARÉS.	NOMBRE DES DÉCÈS.	POPULATION.
1	Rouen.........	18 fév. 1849	15 nov.	524	397*	99,295
2	Darnétal. . . .	15 mars.	30 juillet.	210	103	6 000
3	Elbeuf.........	25 mars	17 juin.	314	127	16,318
4	Oissel.........	20 mai	30 sept.	244	134	3,607
5	Pavilly.	30 mai.	28 juin.	131	66	3,008
6	Déville........	1er avril.	30 juillet.	50	16	3,887
7	Maromme.....	1er avril	30 juillet.	100	30	3,280
8	Dieppedalle (Canteleu).	20 avril.	30 mai.	33	24	3,411
9	Bondeville.	1mai et 25 août	15 sept.	100	45	2,385
				1,706	942	

* Chiffre donné par la commission sanitaire, d'après les documens recueillis avec un grand soin, par M. Mauduit son secrétaire.

Ce tableau et les faits observés nous ont conduit à faire plusieurs réflexions que nous soumettons à l'appréciation des praticiens.

Dates, constitution atmosphérique.

1° Des dates consignées dans ce tableau, on doit inférer que la constitution atmosphérique ne peut être considérée comme un élément d'action, soit comme invasion, soit comme terminaison de l'épidémie ; car le froid , le chaud, l'humide et le sec, ont été observés sans faire remarquer aucune concordance.

2ⁿ De l'observation des *lieux* et des dates d'invasion on ne trouve pas à faire ressortir une marche explicable , et surtout susceptible d'entraves ; ce sont autant de trombes empestées qui se sont abattues et épanchées dans certains lieux, entourés, sans doute, d'une atmosphère attractive, c'est-à-dire méphitisée à certain degré ; mais c'est toujours dans des lieux humides et parcourus par des cours d'eau , que la maladie est devenue épidémique. Si d'autres localités élevées ont montré quelques cas de choléra , ainsi que je l'ai constaté à Quincampoix et à Saint-Jacques , par exemple, on est fondé à croire à une maladie importée plutôt qu'acquise sur la place. *Déville* , *Maromme* , *Bondeville* , sont trois communes qui se tiennent, que parcourt la même rivière , et qu'habite une même population ouvrière et industrielle ; cependant on remarque que la commune de Bondeville a été plus maltraitée. Il y a eu 45 décès sur 2,385 habitants , et il est remarquable que, seule, elle a éprouvé une recrudescence malheureuse. Pavilly , Oissel , Darnétal viennent après.

Rouen a été peu maltraité comparativement à 1832. — La différence est presque de moitié.

Le fait de recrudescence observé dans la commune de Bondeville , dans les premiers jours de septembre , après deux mois entiers de disparition , mérite d'être signalé. Cette recrudescence s'est annoncée par l'état *simultané* de maladie de 30 ou 40 personnes qui habitent un carrefour

Lieux.

Recrudescence
à
Bondeville.

dont l'espace est d'environ cent mètres , et elle a causé la mort de *douze* d'entr'elles en huit jours seulement.

Inquiète d'un retour aussi brusque et aussi meurtrier , l'autorité nous a chargé de rechercher si quelque cause pouvait en donner l'explication , et si quelques mesures de salubrité pouvaient être prises.

En visitant ce carrefour pestiféré et ses environs , nous avons remarqué, à 50 mètres de distance , qu'il se faisait un remuement et enlèvement de terre , nécessités par la reconstruction d'un pont écroulé. Ces terres ont été , sur ma demande , arrosées pendant quelques jours avec de l'eau chlorurée et une solution de sulfate de fer. Après ce soin pris par M. le Maire , il n'a plus été observé de cholériques; mais il est vrai que plusieurs habitants s'étaient prudemment éloignés du pays.

De la vérité des chiffres.

3° Des chiffres recueillis dans notre tableau , les seuls vrais sont ceux des *décès* , car on n'a pu savoir nulle part, et surtout à Rouen , le nombre exact des personnes qui ont été atteintes et guéries. Je pense d'après quelques données , qu'en les mettant au double de celui qui a été consigné , on serait probablement très près de la vérité. Dans tous les cas , les états officiels de 1832 et 1849 constatent, pour les mêmes localités citées ici , des chiffres qu'il est intéressant de comparer ; ils feront voir la différence d'intensité de l'épidémie à ces deux époques néfastes.

Voici un tableau qui rapproche les faits anciens des nouveaux , et seulement pour les mêmes localités ;

ÉTAT *comparatif* 1832–1849, *mêmes localités.*

COMMUNES de L'ARRONDISSEMENT.	CAS en 1832.	POPULATION.	CAS en 1849.	POPULATION.
Rouen.	932	88,086	524	99,295
Darnétal	211	5,572	210	6,000
Elbeuf.	326	10,258	314	16,318
Oissel.	66	3,113	134	3,607
Pavilly	47	1,991	131	3,008
Déville	49	3,185	50	3,887
Maromme	87	2,411	100	3,280
Dieppedalle (Canteleu).	70	3,370	33	3,411
Bondeville.	33	1,790	100	2,385
Totaux. . . .	1,821		1,596	

4° On doit noter que l'épidémie de 1849 a frappé sur un nombre bien moins considérable de localités qu'en 1832 ; cette fois nous n'avons eu à compter que neuf communes, tandis que c'est 45 communes de notre arrondissement qui ont eu à subir l'épreuve première, encore est-il à remarquer que la population a considérablement augmenté.

5° Quant aux conditions des personnes atteintes, il a été observé, dans toutes les localités, que les personnes de faible constitution et surtout d'organisation modifiée par l'abus des liqueurs alcooliques, ont été des victimes préférées ; cependant on a vu, plus souvent qu'en 1832, des personnes, placées dans de bonnes conditions sociales et physiques, être frappées par la maladie. Aucun métier n'a été préservé ; les tanneurs, qui passent pour prémunis contre les épidémies, ont eu aussi leur part ; j'en ai traité un qui demeurait dans la maison voisine de la mienne.

Ici, il faut se borner à constater les faits, sans chercher à les expliquer.

Contagion. 6° Nous avons recherché en outre, dans les diverses localités que nous avons visitées, si le contact avec les malades n'avait pas, aussi bien que la constitution épidémique, amené des faits de transmission. Ici nous nous bornerons à dire que les observations de contagion bien prouvées sont si rares, qu'on peut, qu'on doit même, sans compromettre la sûreté publique, déclarer que le choléra *n'est pas contagieux*. Il est certain, d'ailleurs, que l'opinion contraire ferait plus de victimes par l'abandon qu'elle amènerait ; il ne faut donc pas publier des faits inquiétants et surtout sans importance sérieuse ; mais indiquer les précautions bonnes à prendre.

Guérisons. 7° Le résumé des faits observés de toutes parts, au point de vue médical et pratique, m'a fait reconnaître plus de guérisons que ne le fait supposer le tableau officiel, parceque, ainsi que je l'ai dit, le plus grand nombre des médecins n'a pas indiqué ou publié les faits observés. Dans tous les cas, nous devons dire, quant au traitement, que les guérisons obtenues n'ont pas été l'effet de nouveaux remèdes ou de spécifiques proposés par le charlatanisme ; les théories comme les *spécifiques* ont échoué devant l'ennemi, et les médecins, tout en regardant faire le charlatanisme, qui n'a pas manqué de se produire, comme on sait, ont fait, en face du mal, de la médecine prudente en même temps qu'active, mais sans système préconçu, c'est-à-dire en agissant selon les phases de la maladie ou les indications du moment, et plutôt d'après les inspirations de l'art qui s'acquiert que de la science qui s'apprend. Tous, autant que je l'ai vu, ont pratiqué ainsi que la science et l'expérience indiquent de le faire, particulièrement dans le traitement des grandes fièvres typhoïdes.

8° Quant à l'opinion sur le principe de la maladie, **Cause.** l'analogie des effets produits sur l'organisme par plusieurs autres causes morbides. a conduit à croire, comme en 1832, à un empoisonnement miasmatique, analogue à celui qu'on observe dans les lieux marécageux, à certaines époques. Pour moi, je partage cet avis, conduit à l'adopter par les observations que j'ai recueillies dans les épidémies de la Basse-Seine, lesquelles furent si désastreuses dans les deux automnes de 1828 et 1829. Alors, j'ai noté plusieurs des symptômes graves que fait observer le choléra, tels que le froid, la disparition du pouls, la perte de la voix, et même la cyanose à certain degré.

9° La cause première de la maladie a eu, dans ses effets, **Marche.** une marche que les médecins ont étudiée avec une grande attention ; de cette étude, il est résulté que, dans la pratique, il fallait reconnaître, pour agir avec quelque espérance de succès, plusieurs phases ou périodes :

1° Celle d'incubation,
2° Celle d'invasion,
3° Celle d'asthénie ou algide,
4° Celle de réaction,
5° Celle typhoïde.

Incubation. 1° La maladie a dû être combattue dans chacune de ces phases, par des moyens différents, mais sur la nature desquels les médecins ont été généralement d'accord : 1° la première phase, celle d'*incubation*, a pu être souvent reconnue par les médecins, et souvent même à l'insu de certains malades qui étaient loin de se croire sous l'influence d'un agent mortel ; alors, l'art médical a certainement rendu de grands services. Quelquefois, cette période a été assez longue, plus souvent elle a été courte, et même inaperçue, c'est ce qui a fait admettre un choléra *foudroyant*. Dans toutes les localités que j'ai visitées, j'ai eu l'occasion d'entendre citer quelques-uns de ces faits, et j'en ai vu moi-même ; on remarque alors que l'incubation et l'invasion, la mort ou la guérison, peuvent être l'affaire de quelques heures. Tel fut, entr'autres, le cas d'une femme de la commune de Bondeville, observé par le docteur Bataille : Couchée bien portante, cette femme *réva* qu'elle était prise du *choléra* ; elle s'éveilla effrayée à une heure du matin, et aussitôt elle fut prise de froid et de *diarrhée cholérique* ; l'évacuation a duré quatre heures sans cesser, ce qui fit affirmer par son mari qu'elle avait rendu par les selles plus de deux seaux d'eau ; à cinq heures, la malade se coucha, s'endormit, et s'éveilla à huit heures du matin parfaitement guérie, mais changée à en être méconnaissable.

Le docteur Poitevin, de Rouen, qui a vu beaucoup de cholériques, m'a cité un fait entièrement semblable, observé chez un ouvrier teinturier. Cet homme fut pris, en travaillant, d'une évacuation *riziforme*, qui dura trois ou quatre heures sans arrêt, et produisit une quantité de liquide telle qu'on n'y croirait pas si on ne l'avait pas vu. Ce malade voulait retourner immédiatement à son travail ;

lui seul ne s'apercevait pas du changement qui s'était opéré dans sa physionomie.

Je n'ai pas eu l'occasion de voir ni de recueillir des faits de mort en une ou deux heures, mais j'ai su par M. le docteur Létorey, de Pont-Audemer, qu'il avait été observé, dans des localités voisines de lui, trois cas qui effrayèrent autant qu'ils surprirent. L'un d'eux a été fourni par un médecin de Quillebeuf, commune située sur le bord de la Seine : M. Fournet se promenait bien portant sur le quai, à onze heures du matin; là, il fut pris de défaillance, d'affaiblissement, de nullité de pouls, de sensation profonde de la perte de la vie...... à une heure, il n'existait plus! l'intelligence s'était conservée intacte jusqu'au dernier soupir.

Il y avait eu déjà des cas de choléra dans ce pays un mois auparavant et l'on s'en croyait débarrassé ; mais, à partir de ce jour, il y eut une recrudescence qui amena plus de pertes que lors de la première apparition.

A peu près dans le même temps, une jeune fille de quatorze ans, de bonne maison et bien portante, jouait dans la journée avec ses compagnes; elle fut prise des mêmes symptômes, et, en deux ou trois heures, elle expira sous les yeux de ses parents et du docteur Létorey, à Pont-Audemer.

Dans une ferme de la petite commune de Notre-Dame des-Préaux, le mari, la femme, la mère ont succombé le même jour, après avoir été pris l'un après l'autre, et chacun dans l'espace de cinq à six heures.

N'est-ce pas ainsi qu'agissent tous les poisons stupé-fiants, comme celui de la peste d'Orient, des serpents à sonnettes, de l'upas, de l'acide hydrocyanique.....?

Je laisse à juger s'il y a eu une période d'*incubation*
d'un agent morbide dans un autre cas observé par le
docteur Billard, de Rouen, à la fin du mois d'octobre. Un
enfant nouveau-né, bien constitué, a été pris subitement,
après 48 heures de naissance seulement, de vomissements
et de diarrhée riziforme ou cholérique, et, peu après,
d'une cyanose telle, qu'elle donna en peu d'instants à
cette petite victime l'aspect d'un nègre.

Période algide. 2° On a remarqué dans la *phase algide*, une durée va-
riable, quelquefois on l'a vue très longue, c'est-à-dire de
plusieurs jours, et, toujours, pendant sa durée, les malades
ont conservé la sensation d'une chaleur interne et externe
insupportable. Je me souviens d'avoir retiré de dessous son
lit, une femme de Bondeville qui s'y était blottie, froide
et cyanosée ; elle y avait passé la nuit entière ainsi que la
précédente, et s'y était trouvée bien mieux, disait-elle, que
dans son lit, où elle brûlait. Ici, la période *algide* a duré
huit jours entiers, et il n'y a pas eu de réaction avant la
mort.

Un médecin de Darnétal, M. Maucomble, qui a vu un
nombre considérable de cholériques, et qui est un obser-
vateur attentif et fort distingué, a remarqué, dans cette
période, des sueurs froides abondantes, au point d'imbi-
ber les lits et *ruisseler* dessous. D'après ses souvenirs,
cette exsudation était exceptionnelle en 1832, tandis qu'en
1849, elle s'observait chez presque tous les malades de
Darnétal. Ces sueurs n'ont jamais été critiques, car elles
n'ont guéri personne ; c'est ce qui arrive dans la suette
épidémique.

3° Les phases de réaction , comme en 1832, ont été va- Période
de
réaction.
riables quant à leur force , leur durée et leur résultat ;
mais il m'a paru qu'elles ont été plus souvent suivies
d'accès fébriles intermittents , du genre de ceux observés
dans les fièvres paludéennes ; en général , les malades qui
en ont été atteints ont pu guérir , après avoir éprouvé des
accidents typhoïdes.

4° Le traitement a rencontré partout les mêmes résis- Traitement.
tances , les mêmes succès et les mêmes déceptions. Aussi ,
n'est-il pas un seul médecin qui ait adopté un système ou
un remède unique et qui n'ait été disposé à accueillir
des moyens thérapeutiques proposés par une conscien-
cieuse expérience. Généralement , on a eu recours, dès le
début , aux remèdes évacuants et vomitifs , jusqu'à méta-
morphose bilieuse des évacuations auparavant riziformes,
et , bientôt après , on a cherché à diminuer ces évacuations
par l'eau gazeuse glacée et l'opium pris surtout en lave-
ment et à haute dose ; enfin , le traitement était modifié
selon les indications du moment.

J'ai parlé de résistances et de déceptions ; je vais en citer
un exemple fort curieux. qui prouve bien l'effet stupéfiant
du poison miasmatique absorbé. Lors de la recrudescence
qui s'est faite à Bondeville , du 25 août au 15 septembre ,
toutes les personnes de tout âge qui habitaient ce carrefour où douze personnes moururent en huit ou dix jours.
c'est-à-dire trente ou quarante individus , éprouvèrent
quelque signe de l'influence méphitique. C'était, chez la
plupart , l'altération des traits, sans nul autre symptôme
qui décelât l'incubation ; chez d'autres , c'était la diarrhée.
Ainsi averti , et d'ailleurs devenu prévoyant par expérience , le docteur Bataille a voulu prévenir , chez ces

malades, la fatale invasion en les soumettant à l'effet de l'ipécacuana et de l'eau de sedlitz ; mais chez aucun, il n'a été possible d'obtenir de vomissements ni d'évacuations alvines. L'essai de plusieurs autres purgatifs, de l'huile de croton-tiglium elle-même, n'a pas été plus heureux.

Il paraît que, pendant cette période d'incubation, l'intestin était frappé de *stupeur*.

En ce qui concerne la ville de Rouen, l'administration municipale, aidée de la Commission sanitaire, a pris toutes les mesures hygiéniques possibles ; des visites ont été faites dans tous les quartiers, des nettoiements réitérés ont été pratiqués dans les parties de la ville basse qui est ordinairement si négligée par les habitants. De mon côté, je fis insérer dans les journaux quelques avis tels que celui-ci :

« Chacun a dû remarquer, depuis un mois environ, que la propreté des rues, carrefours et marchés est entretenue avec un soin soutenu. La persévérance de notre administration municipale dans ce soin, nous préservera, il faut l'espérer, d'un fléau qui s'est approché de nous ; toutefois, ce n'est pas seulement dans les rues et les marchés que se trouvent les foyers d'émanations méphitiques qui attirent et développent les causes actives des épidémies. Un plus grand nombre de ces foyers se trouvent dans certaines maisons d'habitation ; on est surpris autant qu'affligé, en visitant ces maisons, de voir jusqu'à quel degré de saleté les habitants laissent arriver le lieu de leur séjour habituel. Les ruisseaux des cours, les plombs, les escaliers et surtout

Marginal note: Mesures hygiéniques prises et à prendre à Rouen.

les latrines sont si négligés, qu'on s'étonne de ne pas y voir naître plus souvent la maladie et la mort.

« Dans tous les temps, la propreté des personnes et des habitations est utile à la santé ; mais, qu'on le sache bien, dans un temps d'épidémie, c'est-à-dire lorsque l'air qui nous environne est vicié par une cause de maladie, qui n'attend, pour agir et répandre son poison, qu'un dernier élément nécessaire à son développement pestilentiel, il faut redoubler d'attention et de soins, et éviter ainsi de faire naître chez soi ce dernier élément sans lequel la maladie épidémique ne peut naître.

« C'est surtout dans les lieux qui, dans un petit espace, renferment beaucoup de personnes, qu'il y a nécessité de bien nettoyer, aérer et laver tout ce qui doit l'être.

« Il est bon de savoir que rien ne désinfecte mieux que les lavages avec de l'eau chargée d'une petite quantité de chlorure de chaux ou de sulfate de fer. (Il suffit de 50 grammes, dans un seau d'eau.)

« Les ruisseaux, piscines, plombs et surtout les latrines devraient être de temps en temps lavés au balai avec l'une ou l'autre de ces solutions désinfectantes. On ne saurait trop recommander ce soin dans les casernes, hôpitaux, pensionnats, etc., etc.

« Que chacun considère comme une vérité, que si la couche atmosphérique qui plane au-dessus de notre ville, est maintenue dans des conditions favorables, l'élément morbifique que nous désirons tous voir s'éloigner, ne trouvera pas sur son passage l'aliment propre à allumer un foyer épidémique. Là est notre préservation. »

(*Mémorial de Rouen*, 19 février 1849.)

Enfin , diverses propositions ont été faites pour arriver
à un assainissement et à un embellissement bien désirables
à Rouen ; nous joignons nos vœux à tous ceux déjà formés,
pour voir naître les circonstances de prospérité et d'ordre
qui, seules, peuvent permettre l'étude sérieuse et la réali-
sation de ces projets.

Opercules mobiles.   J'indiquerai, dès-à-présent, l'occlusion hermétique des
latrines et des égoûts. Des opercules mobiles pourraient
y être placés sans beaucoup de frais. Cela empêcherait le
mélange dans l'air ambiant, d'une quantité considérable
de gaz méphitiques qui ne se dégagent que parce qu'on
laisse en contact avec l'air les matières renfermées dans
les latrines et les égoûts. Les casernes ont surtout le plus
grand besoin d'amélioration, car rien n'égale la saleté de
leurs latrines, malgré l'application du syphon qui est une
déplorable invention.

Dans les communes.   Comptant sur l'effet préventif des mesures hygiéniques,
chaque administration communale s'est empressée de faire
disparaître, autant qu'elle l'a pu, les causes d'insalubrité
existantes ; les fumiers, les ruisseaux, les eaux sans écou-
lement, les maisons ont été nettoyés ; les bureaux de bienfaisance ont fait de grands sacrifices, et, de son côté, l'administration supérieure est venue en aide aux besoins urgents.

Mais combien de choses devraient être faites en pré-
voyance d'une nouvelle calamité !

Ainsi, à l'égard des campagnes :

Ruisseaux.   1° On remarque beaucoup de localités dans lesquelles il n'a été rien pratiqué pour faciliter l'écou-
lement des eaux de ménage et de pluie ; l'absorption de
ces eaux se fait sur place et devant les maisons d'ha-

bitation elles-mêmes ; je cite les communes de Saint-Etienne à l'allée des noyers, Déville, Maromme, Pavilly et Darnétal, où l'on voit des rues longer les rivières sans que la perte des eaux soit ménagée de part en part, ce qui serait cependant extrêmement facile.

2° On remarque toujours, dans toutes les fermes et dans les petites habitations des campagnes, les fumiers placés aussi près que possible des maisons, et on persiste à croire que le fumier *est sain*. Jamais il ne s'y trouve de *latrines*, ce qui blesse souvent la *décence* et toujours la salubrité.

Fumiers.

3° Les cimetières sont encore, pour la plupart, au milieu des populations qui se sont toutes augmentées ; certains sont trop petits et placés dans des terreins argileux qui retiennent l'eau ; là, les coffres sont soulevés à la surface, les corps ne se réduisent pas en poussière, et souvent on met forcément à découvert des dépouilles mortelles dignes de plus de respect. Je cite les cimetières des communes de Saint-Jacques et de Préaux.

Cimetières.

Ceci me conduit à dire qu'il est encore une autre mesure à prendre à l'égard des sépultures, avant de s'occuper de la dernière demeure, surtout en temps d'épidémie. On lit dans le traité de police de Delamare, qu'il y avait autrefois à Paris, dans les temps d'épidémie, un Prevost de la santé sans la permission duquel on ne pouvait faire les inhumations. Cela était sage, car c'est à ces époques de calamité et de terreur que la précipitation des inhumations a été fatale à quelques victimes.

Inhumations précipitées.

2

Moyen
de
s'assurer
de
la mort.

On ne fait certainement pas assez attention en France à ces événements affreux, dont les exemples sont nombreux dans les livres, et toujours assez fréquents si l'on en croit les récits publiés par les journaux. Pour moi, après avoir examiné les moyens proposés, usités ou abandonnés qui pourraient éviter l'inhumation des personnes vivantes, j'ai pensé qu'il fallait d'abord que tous les officiers publics fissent exécuter sévèrement les lois sur les inhumations et la police des cimetières, et enfin, qu'il fallait obliger les gardes des cimetières à *découvrir le visage du défunt* en présence du prêtre et de quelqu'un de la famille, lorsque le cortége arriverait au bord de la tombe. Je ne vois aucun inconvénient à introduire cet usage, et j'y trouve toutes les garanties qu'on cherche à obtenir des mesures qu'on a jusqu'à présent mises en pratique. — Cette proposition a été déjà faite par moi, dans un mémoire sur la police des cimetières, que le Conseil de salubrité a fait imprimer dans ses actes en 1838.

Tels sont les faits principaux et les particularités les plus dignes d'attention que nous avons pu recueillir sur l'épidémie de 1849. Si nous n'avons pas à buriner les triomphes et les progrès de l'art, ainsi que nous serions si heureux de le faire, nous pouvons dire que ses apôtres, en vrais soldats de l'humanité, ont fait de généreux efforts pour combattre le mal souvent avec succès, et toujours avec zèle, désintéressement et abnégation; cette justice ne peut être contestée au corps médical.

SECONDE PARTIE.

Ce travail devant être, je l'espère, le dernier que j'aie à Des épidémies faire comme médecin des épidémies, parce qu'après vingt-deux ans de services à ce seul titre, et trente-trois à divers autres, je puis croire avoir assez fait gratuitement pour l'humanité et pouvoir penser au repos, je vais y joindre une revue rétrospective très succincte des épidémies qui se sont développées pendant mon exercice dans l'arrondissement de Rouen, et qui ont appelé l'intérêt et le concours de l'autorité

En juin 1826, il s'est développé un très grand nombre 1re ÉPIDÉMIE,
1826.
Variole. de varioles dans les communes de Saint-Martin-de-Bocherville, Quevillon, Hénouville, pays où beaucoup d'enfants sont placés en nourrice.

Appelé à y donner mes soins, j'ai pu facilement, par des vaccinations nombreuses, ôter tout aliment au fléau dans l'espace d'un mois. La mortalité fut notable.

Les communes marécageuses du littoral de la Basse-Seine, qui ont très souvent à subir des fièvres inter- 2e ÉPIDÉMIE,
1828 et 1829.
Fièvres
intermittentes
pernicieuses
de la
Basse-Seine. mittentes pendant les mois d'automne, virent se déclarer chez elles des fièvres paludéennes pernicieuses. Le caractère grave que prirent ces maladies, et leur nombre considérable, appela bientôt l'attention de l'autorité supérieure, et je dus, pendant chacune de ces deux années, aller, à plusieurs reprises, passer quelques jours au milieu de la population effrayée de ces communes.

Mes rapports constatèrent alors un certain nombre de cas de mort au premier, second ou troisième accès de fièvre; aussi fallut-il, dans cette épidémie, agir, dès le développement des premiers symptômes, avec une grande précipitation, au risque de voir surgir quelque grande perturbation.

Le sulfate de kinine a rendu les plus grands services.

Il a été compté, pendant trois ou quatre mois de l'année 1828, qui fut beaucoup plus chargée que 1829, jusqu'à *trois mille* malades dont un quart d'enfants, sur une population de cinq mille âmes qui se comptaient dans les communes que j'ai visitées ; c'étaient Duclair, Berville, Anneville, Yville, Le Mesnil, Jumiéges, Yainville, Hénouville, Ambourville, Varengeville, Sainte-Marguerite, Saint-Paër et Bardouville.

En 1829, on ne compta pas plus de 1200 malades ; le caractère pernicieux fut beaucoup moins fréquent.

Une grande négligence avait été apportée depuis long-temps dans l'entretien des fossés d'irrigation qui sont, dans ces immenses marais, des moyens de fertilité et d'assainissement. Mes observations à ce sujet amenèrent sur les lieux notre regrettable collègue M. Courant, ingénieur du département, et après avoir réuni tous les Maires des communes intéressées, il a été décidé et fait des travaux dont l'exécution et l'entretien ont été efficaces. Un arrêté de police rurale, dû à M. le Préfet de Murat, qui a laissé ici d'honorables souvenirs, a été, dès cette époque, une excellente mesure préventive au point de vue sanitaire. La Commission d'hygiène publique de ce canton fera une chose utile en s'assurant de son exécution.

J'ai résumé le résultat des observations faites par les médecins de la localité et par moi-même dans un tableau dont la concision peut me permettre de le reproduire ici.

§ Ier. *Saisons, constitution atmosphérique.* Été et au-tomne. — Pluies fréquentes, temps orageux, vents fixés souvent au sud, air humide, variant du froid à une chaleur parfois très forte.

§ II. *Symptômes dominants, complications diverses.* — Fièvre par accès intermittents quotidiens, tierces ou quartes; accès de 8 à 10 heures généralement, marqués successivement par des frissons, du froid, de la chaleur et des sueurs; l'invasion était souvent brusque et quelquefois précédée de lassitudes, douleurs lombaires, perte d'appétit.

Complication de symptômes gastriques. — Goût amer, langue rouge, sèche, souvent fendillée sur le milieu, vomissements, tranchées, douleurs épigastriques.

Complication de symptômes cérébraux. — Etat apoplectique, teinte *noirâtre* de la peau, pouls petit, serré, fréquent, quelquefois complètement insensible, sueurs froides... Cet état rendait la maladie mortelle du 2me au 3me accès; la nature se refusait à la réaction.

Suites: La lenteur de la convalescence a déterminé chez beaucoup de malades des œdèmes et des hydropisies.

Population, nombre des malades, durée. — Sur 5,000 habitants, 3 000 environ ont été plus ou moins malades pendant la durée de cette épidémie. Les enfants et les vieillards ont compté pour moitié et à peu près par égales portions.

Abandonnée à elle-même: durée fort longue ou de quelques heures; traitée : guérison au 2me ou au 3me accès; rechutes fréquentes. L'épidémie a duré huit mois, elle a été intense pendant trois mois : août, septembre et octobre ; à la fin d'octobre, il y avait environ 1,200 malades, et en décembre il n'y en avait plus que 200.

§ III. *Traitements , résultats*. — Il a été remarquable que chez les individus les plus sanguins , ou chez lesquels les symptômes inflammatoires paraissaient très intenses , les saignées n'ont pas obtenu d'amendement notable : au contraire , l'accès suivant était plus fort , souvent même dangereux, et la convalescence plus longue ; les purgatifs et les vomitifs ne réussissaient pas mieux ; les dérivatifs appliqués aux membres inférieurs , ont eu d'heureux résultats pendant l'accès ; leur emploi amenait une rémission favorable. Le sulfate de kinine a toujours eu une action prompte et positive ; ordinairement trois doses de six grains chacune, assuraient la guérison , lorsqu'elles étaient administrées en temps utile.

§ IV. *Décès* : 30 ; à peu près un sur cent malades.

Ancienne
épidémie
du
même genre.

§ V. *Observations*. — Les communes riveraines jusqu'à la mer, soumises aux mêmes causes, surtout auprès des marais d'Heurtauville, eurent aussi un très grand nombre de malades , ainsi que l'a constaté le rapport de feu M. le docteur Lechaptois, médecin des épidémies du canton de Caudebec. Dans plusieurs conférences que nous eûmes ensemble , nous nous entendîmes pour faire les mêmes propositions sanitaires à l'autorité. On n'avait pas observé de semblable épidémie depuis un grand nombre d'années ; la dernière remonte à 1775 et 1776 , époque à laquelle la mortalité fut de quatre à cinq mille habitants ; on avait alors attribué la maladie à de fortes chaleurs pendant l'été, qui firent dessécher les marais et occasionnèrent la mort d'une grande quantité de poissons qui entrèrent promptement en putréfaction. Lepecq de la Clôture , dans son ouvrage , indique cette épidémie sans détails statistiques.

Dans tous les cas, les fièvres intermittentes tierces sont endémiques dans ces contrées.

En août 1831, la variole étendit ses ravages dans Rouen et dans les communes voisines, surtout dans la vallée de Déville, Maromme, Malaunay. Le Comité de vaccine instruit par moi de cette apparition et de ses résultats, dont j'étais allé prendre connaissance, envoya du vaccin en grande quantité à tous les médecins des localités envahies, et malgré la mauvaise volonté des intéressés, contre laquelle il y eut beaucoup à lutter, le fléau ne trouva bientôt plus de victimes à faire. C'est à l'époque de cette épidémie qu'on vit, plus qu'à aucune autre, des varioles confluentes par répétition de deux et trois fois. J'ai vu un jeune homme qui n'avait pas plus de 22 ou 23 ans, et qui eut une variole affreuse pour la quatrième fois ; outre les hideuses cicatrices que la maladie avait faites précédemment, le malheureux jeune homme eut cette fois à regretter la perte d'un œil.

3e ÉPIDÉMIE,
1831.
Variole.

C'est en 1832, qu'apparut pour la première fois en France cette terrible épidémie de *choléra*, annoncée depuis deux années par les ravages qu'elle avait faits pendant son trajet des bords du Gange à ceux de la Seine.

4e ÉPIDÉMIE,
1832.
Choléra.

Pendant les mois d'avril et mai, nos contrées furent à leur tour envahies, et, de telle sorte, que pendant ces deux mois, 45 communes demandèrent des secours ; je n'arrêtai pas alors, et mes confrères *Dubuc* et *Avenel* que j'appelai à mon aide, prirent aussi une part active dans ces fatigues. Ces 45 communes eurent toutes à compter des victimes. Dans un état officiel, dressé le 31 octobre 1832, on a constaté 3,207 cas et 1,373 décès ; en 1848 , ainsi que je l'ai dit , le nombre des cas a été seulement de 1,706 et 942 décès.

Des rapports nombreux et circonstanciés ont réuni et fait connaître à l'autorité, tout ce qui devait l'intéresser relativement à l'organisation des bureaux de secours et de bienfaisance , au nombre des malades et des nécessiteux dans chaque commune ; relativement encore aux moyens de secours, aux mesures hygiéniques, etc. , et si je me dispense d'en faire ici l'analyse , malgré l'énormité de cette calamité publique, c'est que tout ce qu'on peut connaître du choléra est écrit et connu des administrateurs ainsi que des médecins ; j'ai trouvé qu'il n'en ressortirait rien d'utile pour la pratique comme pour l'hygiène. Cependant, je dirai, pour l'enseignement des médecins des épidémies, que nous fîmes alors l'essai d'une mesure que nous n'avons pas mise en pratique en 1849 ; c'était de porter avec nous, dans les communes envahies , de petites boîtes de médicaments, garnies des choses les plus préconisées dans le temps. Il arriva que la plupart des familles, par une défiance stupide, préférèrent presque toujours aller , malgré l'éloignement , chez les pharmaciens qui avaient leur confiance , plutôt que d'user des *drogues* du gouvernement, mis alors en suspicion , ainsi que les médecins eux-mêmes !

Je rappellerai ici en terminant , pour l'honneur du corps médical , que le Conseil-général , justement ému des pertes et des sacrifices faits par la population , mais heureux d'avoir vu tant de dévouement et tous les efforts que le corps médical avait opposés au fléau, a pris une délibération honorable dont voici les termes :

Séance du 1er *février* 1833.

« Le Conseil n'a pas donné de suite à la proposition
de distribuer des médailles aux médecins et fonction-
naires qui se sont le plus distingués par leur zèle et leur
dévouement, lors de l'épidémie. Il a considéré que,
dans ces momens de désastre, ou tant de cœurs généreux ont bien mérité de l'humanité, il serait peut-être
difficile de faire la juste appréciation du mérite de chacun, et qu'il arriverait probablement que des traits du
plus grand dévouement dans les différentes classes de la
société ne seraient pas mis au jour. La plus grande récompense se trouve naturellement, et dans la conscience
de chacun et dans la reconnaissance individuelle des
malheureux qui ont été secourus.

« Le Conseil admet seulement, et maintient au procès-
verbal, les noms présentés par M. le Préfet, de ceux
qui, à la connaissance de l'administration, ont bien mérité de leurs concitoyens.

« En conséquence, on consigne ici les détails suivans :
1° M. Vingtrinier, médecin des épidémics, qui a fait
de fréquents voyages dans l'arrondissement de Rouen,
et porté des secours et des consolations partout où sa
présence pouvait être de quelqu'utilité, et ses adjoints,
MM. Dubuc et Avenel, méritent les plus grands
éloges. »

« Il est rendu hommage au zèle éclairé de :

MM. Hellis, médecin en chef de l'Hôtel-Dieu ;
Des-Alleurs, médecin-adjoint   id. ;
Blanche, médecin en chef de l'Hospice-Général;

MM. Couronné, médecin-adjoint de l'Hospice-Général ;
Fôville, médecin de l'Asile des aliénés ;
Desbois, médecin-adjoint des prisons.

« D'autres médecins-chirurgiens et élèves en médecine
se sont également acquis des droits à la reconnaissance de
leurs concitoyens, notamment MM. Levasseur, Boudin,
Prévencher, Hodé, Palman, Béchet, Poidevin, Bouteil-
ler, Guerout, Leprevost et Vigné.

« Le maire de Rouen et ses adjoints ont montré le zèle le
plus honorable, ainsi que leurs subordonnés, notamment
les commissaires de police des quartiers où il y a le plus
de misère, et où la maladie a fait le plus de ravages,
ce sont : MM. Deshommais, Demarigny père et fils, et
Lenoble.

« Dans l'arrondissement de Rouen :
« MM. Constant Leroy, Glin, Potel, Heullant, Lalizel,
Cuvelier, Landry de Saint-Aubin, maires d'Elbeuf,
d'Orival, d'Oissel, Caudebec, Barentin, Darnétal, Saint-
Aubin-Jouxte-Boulleng ; Henry, doyen des médecins d'El-
beuf, Revel, Delanos, Justin, Porel, Levasseur, Dubuc,
Delahaie, Saint-Evron, Rebut, Licquet, médecins.

« M. Delepine, desservant d'Oissel, la sœur Elisabeth,
institutrice à Malaunay.

« Arrondissement de Dieppe et du Havre :

« Dieppe : M. Binet, maire, Briffard, Clémence,
Deslandes, Lecanu, Morel, Quenouille, Renard, membres
de la commission sanitaire.

« Parmi les médecins, on distingue MM. Morel, de Brou-
telles, Quemont, Navet, Binet, Riolles, Busnel et Vil-
laret, chirurgien de 41e régiment, Nicole, pharmacien,

et Cocu, vieux médecin qui est mort du choléra, victime de son zèle.

« MM. Fabre, médecin à Envermeu ; Haucourt, membre de la Commission sanitaire de la ville d'Eu ; Tiphaine, desservant de Saint-Pierre-en-Val ; Delestre, maire de Saint-Remi-Bosrocourt ; Brasseur aîné, maire ; Couppey, adjoint du Tréport ; Lejeune, desservant ; Vassal et Tigné, maire et adjoint d'Offranville ; Rogard, maire de Varengeville, et les curés de ces deux communes ; Dupont de Tous les Mesnils, maire d'Ouville-la-Rivière.

Dans l'arrondissement du Havre, on cite MM. Lemaistre-Miray, Fouquet-Pouchet, Leclerc, Feuilloley, Bachelet, Fauvel et Alexandre, maires du Havre, de Montivilliers, Bolbec, Fécamp, Criquebeuf, Ingouville, Etretat et Sanvic, et parmi les médecins, MM. Suriray, médecin des épidémies, Lecacheur, Bourgneuf, Huet, Deverre, Couture, Desjardins, au Havre ; Dupuis à Criquetot, Glarel à Octeville, et Lechaptois, médecin des épidémies à Lillebonne.

Procès-verbal signé : Rondeaux, président, Desjobert, secrétaire.

M. le baron Dupont-Delporte, alors préfet de ce département, qui se souviendra toujours avec bonheur des dix-huit années de son honorable administration, M. le Préfet, dis-je, et sur ma proposition, n'avait pas attendu la session du Conseil général pour remercier et féliciter de leur zèle tous ceux qui avaient pris part à la peine. Qu'il me soit permis de m'honorer ici de la lettre que ce fonctionnaire m'adressa le 17 novembre 1832, après avoir reçu mon rapport général sur toute l'épidémie.

« J'ai lu avec un vif intérêt le rapport que vous m'avez fait l'honneur de m'adresser le 20 du mois dernier, sur l'invasion et les progrès du choléra dans l'arrondissement de Rouen ; j'y ai trouvé de nouvelles preuves du courageux dévouement et du zèle éclairé que vous avez montrés pendant le cours des épidémies meurtrières qui ont ravagé les rives de la Seine en 1828 et 1829.

« La manière distinguée dont vous remplissez les pénibles fonctions de médecin en chef des prisons, m'était d'ailleurs un sûr garant des services que vous avez rendus dans les funestes circonstances où nous venons de nous trouver.

« J'ai remarqué avec plaisir que vous avez payé un juste tribut d'éloges aux personnes qui se sont acquis le plus de droits à la reconnaissance de leurs concitoyens, et je vais leur adresser mes félicitations ; je me suis empressé en outre, de les signaler, ainsi que vous, Monsieur, au ministre du commerce et des travaux publics

« Recevez de nouveau l'assurance de mon estime et de ma considération la plus distinguée,

Signé : B°ⁿ. DUPONT-DELPORTE.

5ᵉ ÉPIDÉMIE, 1834.
Péritonite des femmes en couches, à Rouen.

En 1834, une grande calamité s'est produite à Rouen, et a désolé beaucoup de familles de toutes les conditions ; ce fut en frappant et presque toujours mortellement les femmes en *couches* ; c'était une péritonite *purulente*. L'épidémie fut si persistante à l'Hôtel-Dieu, que les médecins firent supprimer la gésine.

6ᵉ ÉPIDÉMIE, 1834, à Hénouville.

Dans la même année 1834, la petite commune d'Hénouville, où se trouvent réunies quelques nourrices, perdit en quelques semaines une douzaine d'enfants au maillot ; ils étaient pris d'une pneumonie aiguë. Lorsque l'autorité m'instruisit de ces faits, il n'y avait plus de malades, l'épidémie avait cessé.

Pendant l'automne de 1834 et surtout pendant celui de 1835, il s'est développé à Caudebec-lès-Elbeuf une épidémie de fièvres muqueuses adynamiques, depuis le mois de septembre jusqu'au mois de janvier 1835; il n'y eut alors que cinquante malades gravement atteints, mais, en avril 1835, la maladie reparut, et plus opiniâtre et plus intense. On compta jusqu'à trois cents malades dans neuf mois, d'avril à décembre ; on perdit peu de monde dans cette épidémie, mais les malades eurent des convalescences très lentes, quelquefois même d'une longueur désespérante.

7ᵉ ÉPIDÉMIE, 1834 et 1835.

Des distributions de viande, de vin amer, eurent une grande influence sur les malades et les convalescents. Le génie adynamique était là essentiellement dominant.

L'année 1837 a commencé d'une manière fort désagréable pour toute la population de Rouen, pendant les mois de janvier et février ; la moitié de ses habitants, peut-être, a eu à subir le catharre spécial qu'on nomme la grippe. La France toute entière paya son tribut à cette maladie, et, quoiqu'elle n'ait jamais été mortelle, à moins de complications rares, l'autorité supérieure désira connaître l'opinion du corps médical sur la santé publique. Ce fut pour répondre à cette demande ministérielle, que j'écrivis l'histoire de cette épidémie de grippe avec tous les détails qu'elle pouvait comporter ; je vais la repro-

8ᵉ ÉPIDÉMIE, 1837. Grippe.

duire ici, parce qu'elle est de peu d'étendue, et qu'il n e
se trouve que fort peu de renseignements sur cette maladie dans l'ouvrage de Lepecq de la Clôture.

L'épidémie de grippe qui s'est répandue sur toute la
France pendant la dernière moitié de la saison d'hiver de
cette année, prend son rang après les grandes épidémies
catarrhale dont l'histoire nous a été conservée à diverses
époques, et, principalement, pour le siècle qui s'écoule,
pendant les années 1831 et 1803, et pour le siècle dernier
en 1780, 1775, 1767, 1762, 1733 à 37, et 1729

Comme épidémie particulière à notre département, il
n'en a pas été observé dans les temps antérieurs qui ait
été aussi générale que celle qui vient de se passer; depuis
les épidémies de grippe dont Lepecq de la Clôture, médecin de Rouen, a fait l'histoire, dans son livre des
Constitutions épidémiques de la Normandie, et qu'il
indique aux années 1767 saison d'été, et 1775 saison
d'automne, il ne s'en est pas présenté.

Celle de 1803, qui fut générale en France, est apparue
aussi dans notre contrée, mais ce fut sans atteindre, à beaucoup près, autant de monde que celle de 1837.

Ce fut du 20 au 25 janvier que la grippe s'est annoncée,
et ce fut vers le 20 février qu'elle a disparu, de sorte
que sa durée a été de 30 à 35 jours seulement. Jamais
elle n'avait fait un aussi court séjour parmi les populations. Les épidémies de 1767 et 1775 avaient duré dans
la Normandie, et à Rouen particulièrement, pendant trois
et quatre mois.

Durant ce court séjour, la grippe a eu son influence sur
toutes les agglomérations du pays en même temps, et avec

la même intensité partout ; la *moitié* des habitants de toute condition, de tout âge ou sexe, a été atteinte à divers degrés, et aucun accident topographique n'a paru modifier la maladie ; de sorte que, dans toutes les villes, dans les pays de plaines élevées ou basses, dans les vallées ou sur les hauteurs, partout enfin, la proportion a été la même.

Il a été remarquable encore que, pendant la durée de l'épidémie, on n'a pas distingué de différences dans les grippes prises, soit au commencement, soit à la fin de l'influence morbide, et que les phases ordinaires des grandes épidémies ne se sont ici nullement dessinées ; il est vrai que l'épidémie n'a duré que trente jours.

La grippe de 1837 s'est développée sous l'influence d'une constitution atmosphérique essentiellement froide et humide ; aux époques précédentes, elle s'était développée dans les saisons chaudes, mais en même temps humides ; de sorte qu'on peut croire que la condition d'une atmosphère aqueuse est favorable, et peut-être indispensable à la production de la cause morbide qui a créé la grippe.

Afin de fixer le caractère de la constitution atmosphérique, il n'est pas inutile peut-être de rappeler ici que les années 1833 et 34, principalement, ont été remarquables par la sécheresse observée dans toutes les saisons, sécheresse qui fit tarir toutes les mares et baisser toutes les sources, et que, pendant ces deux années, il n'y a pas eu en France d'épidémie catarrhale, mais des épidémies de fièvres typhoïdes muqueuses et adynamiques (comme celles observées à Saint-Vigor et à Caudebec-lès-Elbeuf, communes de ce département). On a observé encore dans le même temps des péritonites puerpérales épidémiques, des scarlatines..... et ces maladies furent souvent mortelles.

Les années 1835 et 1836 furent, au contraire, très pluvieuses dans toutes leurs saisons, et l'abondance des pluies fut générale en France, de sorte que tout le pays devint un véritable marais. C'est de cette époque que date la constitution atmosphérique humide, froide ou chaude, selon la saison, dans laquelle la population a vécu et vit aujourd'hui. Cette constitution essentiellement favorable à la dissolution des gaz ou au développement des émanations méphitiques et à leur propagation, devait amener des maladies sporadiques de nature catarrhale, et c'est ce qu'on a observé dans beaucoup de contrées, mais jusque-là, il n'y avait pas eu de maladie épidémique.

Telle était la condition hygiénique des habitants, lorsque la grippe, maladie essentiellement catarrhale, s'est propagée en France, et, ce qui est très remarquable, en même temps dans la plupart des départements.

La population ayant été préparée par la constitution atmosphérique humide de 1835 et 1836 et même de 1837, à contracter les affections muqueuses ordinaires ou épidémiques; d'un autre côté, l'air réunissant les conditions favorables au développement et à la propagation des causes morbides, il n'est pas très surprenant qu'une masse aussi considérable de personnes ait été atteinte en même temps.

Ces deux circonstances essentielles ne pourraient-elles pas conduire à l'origine et à la cause appréciable de l'épidémie? Je dis cause appréciable avec intention, car il se pourrait qu'il existât pour la grippe un agent spécifique, inappréciable, né de causes particulières et dans un lieu donné, à la manière des principes méphi-

tiques qui occasionnent la peste, le choléra, les fièvres
intermittentes des marais et les fièvres pernicieuses épidémiques de toute nature. Une raison puissante pourrait le
faire croire : c'est la constante uniformité des symptômes
de la maladie, quelles qu'aient été les suites diverses, les
âges, les conditions, les saisons, et même les époques de
la grippe. En effet, les descriptions les plus anciennes des
épidémies de ce catarrhe conviendraient parfaitement à
celle de 1837, de même qu'il en serait pour la petite
vérole, par exemple.

Cette observation n'est-elle pas de nature à faire croire
à une cause spécifique ? Pour moi, je le pense.

Ici se placerait naturellement une histoire complète de
la grippe, si je ne croyais pas devoir éviter une répétition
que les journaux de médecine et politiques ont rendue
fatigante et inutile ; je me bornerai donc à exposer les
principaux symptômes, dans le but tout spécial de faire
remarquer leur similitude avec ceux observés par les médecins de toutes les localités.

Lepecq de la Clôture dit, en parlant de l'épidémie qu'il
a observée à Rouen en 1767, que « beaucoup de personnes
« furent frappées comme d'un coup de foudre et se cou-
« chèrent dans l'attente de la maladie la plus grave. » Il
en a été de même de celle-ci, et beaucoup d'esprits forts
qui en plaisantaient ont été bien surpris en ressentant,
une demi-heure après leurs facétieuses réflexions, un
accès de fièvre violent.

L'invasion a été marquée par l'atteinte subite d'une
prostration générale, par de la fièvre, de la céphalalgie....
Les malades ont éprouvé peu après, avec ces premiers
signes, de la douleur à la gorge, c'est-à-dire au voile

3

du palais et à l'entrée du larynx, de la toux et du coryza; de sorte qu'on voyait véritablement se développer, en même temps et en peu d'heures, les symptômes des catarrhes bronchique, tonsillaire et nazal.

Depuis le début, une tendance aux sueurs a été remarquée chez presque tous les malades, et l'amélioration qu'elles ont toujours amenée a été d'un utile enseignement pour le médecin.

La période croissante de cet état a duré pendant un ou deux jours; bien rarement elle a dépassé trois, et, après ce temps, chaque symptôme s'est calmé et a disparu le 4e, 5e ou 6e jour. Il faut en excepter cependant la toux avec ou sans expectoration, et le sentiment de prostration, qui ont été toujours remarquables pendant tout le cours de la maladie, et quelquefois après.

Ce dernier symptôme, qui n'a jamais manqué, nous a paru pathognomonique dans cette espèce particulière de catarrhe, en annonçant une lésion profonde des forces vitales, de sorte que, pour nous, il a été encore un motif de croyance en une cause spécifique, agissant en même temps sur les membranes muqueuses qui sont en contact avec l'air pour les exciter, et sur les forces vitales pour les déprimer.

On a observé plusieurs fois, dans le début de la grippe, du délire pendant quelques heures, ou même seulement pendant une demi-heure, des hémorrhagies nazales...... Assez souvent on a vu la grippe se compliquer ou plutôt faire naître, par les efforts de la toux, des points pleurétiques. D'autres fois, il s'est développé des catarrhes pulmonaires, et alors cette maladie est devenue dominante, et quelquefois grave par ses suites, ou remarquable par sa marche insidieuse.

Chez une dame âgée de soixante ans, déjà atteinte d'un catarrhe bronchique chronique, la grippe a fait prendre à ce catarrhe un caractère aigu et une marche très rapide ; j'ai vu se former de suite une expectoration tellement abondante et d'un aspect purulent tellement prononcé, que, dès le troisième jour, j'annonçai une funeste issue. En effet, le cinquième jour, les poumons s'engouèrent, et l'asphyxie des phthisiques mit fin à la maladie.

Dans deux autres cas observés par M. Blanche à l'Hospice général, le catarrhe pulmonaire a suivi une marche tellement insidieuse, que, malgré l'absence des symptômes ordinairement si tranchés du catarrhe pulmonaire, l'autopsie a démontré l'existence d'une inflammation des plus aiguës et des plus étendues sur toutes les bronches, et jusque dans leurs plus petites divisions.

En général, la grippe n'a pas eu de suites fâcheuses qui puissent lui être attribuées à elle seule, et cependant elle a eu une influence assez marquée sur la mortalité.

Cela a eu lieu par la fâcheuse propriété reconnue à cette maladie « de faire passer à l'acuité des maladies chroniques, » ainsi que l'a dit Lepecq. Aussi la mortalité n'a-t-elle pesé que sur les vieillards.

A Rouen, quatre femmes en couches ont succombé à des péritonites puerpérales dans la première quinzaine de l'apparition de la grippe ; peut-on attribuer ces pertes à l'influence maligne de cette maladie ? J'en doute.

Si la grippe a été une complication fâcheuse, elle a été aussi quelquefois avantageuse pour certains malades. Ces cas ont été très rares sans doute, et c'est une raison pour les noter.

J'ai recueilli deux faits de gastrites chroniques existant chez deux femmes, lesquelles en ont été aussi promptement guéries que de la grippe, malgré leur ancienneté.

L'une d'elles, âgée de vingt-deux ans, avait une gastrite qui, depuis trois ans, était passée à l'état chronique avec alternatives d'état aigu ; elle était le désespoir de la malade et du médecin. Cette dame ne mangeait plus : les potages, qui faisaient sa seule alimentation, étaient souvent vomis ; des douleurs intenses rendaient l'épigastre intolérable, la langue était toujours blanche ou sale, des douleurs de tête, de la fièvre, etc., faisaient enfin prendre, de l'état de la malade, des inquiétudes fondées, lorsque la grippe la plus forte vint la saisir, et la retint au lit pendant huit jours.

A partir de ce moment, la malade a repris de l'appétit, et bientôt elle a pu manger de tous les aliments sans jamais en éprouver le moindre mal.

L'autre cas est pareil, à cela près que la maladie était moins ancienne.

Lepecq, que j'ai déjà cité, dit, en parlant du traitement de la maladie : « On doit avouer que ceux qui n'ont « pas fait de remèdes en ont été quittes plutôt et plus sû- « rement (787) ; les saignées ont été contraires, les pur- « gatifs inutiles, et les délayants suffisants. »

J'avoue que pour mon compte j'en dirai bien autant pour l'épidémie de 1837. Tant que j'ai observé de la fièvre, je me suis renfermé dans la prescription des délayants béchiques et calmants opiacés, et aussitôt que la fièvre a cessé, malgré la persistance de quelques autres symptômes, j'ai donné du vin de Bordeaux et des aliments.

Personnellement, je me suis fort bien trouvé de ce traitement, et j'ai été promptement guéri, malgré une invasion excessivement brusque et forte.

Nous avons observé que les personnes qui ont éprouvé la grippe, sont restées sensibles au froid, qu'elles se sont facilement enrhumées, qu'elles ont repris des maux de gorge, et enfin que beaucoup sont restées faibles.

Jamais, dans les maladies catarrhales ordinaires, cette susceptibilité ne s'est fait sentir aussi longtemps.

Serait-ce que le génie épidémique règne encore? Serait-ce que telle est la nature particulière de la maladie? Serait-ce enfin la persévérante influence d'une constitution atmosphérique froide et humide?

J'ai dit que la moitié de la population s'était ressentie de l'influence maligne de la maladie épidémique, que le quart des habitants avaient dû abandonner leurs travaux. ... Malgré cette prompte et générale influence, les hôpitaux n'ont pas été très chargés. Dans les infirmeries des prisons, je n'ai pas compté plus de vingt grippes, au lit; à l'Hôtel-Dieu, M. Hellis, médecin en chef, a compté seulement cent malades militaires et cent civils, et, à l'Hospice général, dont la population est invariable, M. Blanche a traité cent cinquante malades environ.

La mortalité n'a pas augmenté dans les hôpitaux autrement que par les vieillards, ainsi qu'il a été observé en ville.

Enfin l'épidémie n'a nécessité aucune dépense extraordinaire, ni pour la ville, ni pour le département.

On peut déduire de ce travail les corollaires suivants:

1° La grippe s'est développée dans l'arrondissement de Rouen et dans le département depuis le 25 janvier jusque au 25 février 1837 (trente jours).

La disparition a été aussi brusque que l'invasion.

2° La maladie s'est développée pendant la constitution atmosphérique humide et froide d'un hiver sans gelée (excepté dix à douze jours), et après une année de pluies.

3° La maladie a atteint la moitié de la population.

4° La grippe est une inflammation catarrhale des muqueuses nasale et pulmonaire, avec influence asthénique particulière.

5° Elle est épidémique sans être contagieuse. Seule, elle n'a pas été mortelle ; par ses complications, et plus encore par son influence sur les maladies chroniques des vieillards, elle a augmenté le chiffre de la mortalité.

9ᵉ ÉPIDÉMIE,
1838.
Rougeole
maligne
à
Elbeuf.

La ville d'Elbeuf fut singulièrement affligée en 1838 par une épidémie de rougeole, qui se compliquait de bronchite et de pneumonie aiguës. Pendant trois mois que dura cette maladie, on compta jusqu'à 1,200 enfants malades, et 130 succombèrent.

Il est remarquable que cette épidémie de rougeole avait été précédée par une grande quantité d'oreillons. Les communes voisines, Saint-Aubin, Caudebec et Orival, furent, en même temps qu'Elbeuf, sous la même influence.

Pendant cette même année 1838, diverses localités dans l'arrondissement de Rouen ont eu à subir quelque maladie épidémique, comme la coqueluche, la variole, la rougeole, des fièvres typhoïdes, la miliaire, la scarlatine. Les faits généraux, observés à notre point de vue, ont fait l'objet d'un Mémoire assez étendu, communiqué à l'Académie de médecine de Paris et à l'Académie des sciences de Rouen qui l'a admis dans ses travaux imprimés pour l'année 1839.

Ce Mémoire signale 1° la fièvre typhoïde comme ayant donné, plus qu'en autre temps, l'exemple de plusieurs malades dans la même famille ; cinq personnes sur sept périrent l'une après l'autre dans la commune du Montérollier, trois sur cinq à Saint-Jacques, etc... La transmission a été souvent évidente.

2° La variole comme ayant fait beaucoup de victimes dans la vallée de Maromme. En révélant le nombre de ces victimes, dans une contrée *souvent* frappée du même fléau, nous avons été amené à faire quelques réflexions sur les motifs d'opposition qui restent invétérés dans la population, et nous avons ajouté que les médecins eux-mêmes laissent se répandre ou même adoptent une opinion qui est erronée et dangereuse ; c'est l'opinion qui voit absolument, dans le vaccin, l'existence d'un virus nouveau, *sui generis*, bien différent de celui de la variole, qui croit ce virus de nature à détruire l'autre, et à combattre, comme d'ennemi à ennemi, ou comme un *anti-dote*, un *spécifique*, un *préservatif*, un *neutralisant* (expressions employées, mais erronées), opinion dont semblent fortement imbus les créateurs de la dégénérescence. Cependant, si nous remontons à la découverte, il est évident que la pensée de Jenner, qui est devenue un *fait accompli*, n'a pas été la découverte d'un spécifique ; il a cru avoir trouvé une grande analogie entre le *cowpox* ou *petite*

vérole des vaches, et la variole des hommes (ce que jus-
tifient la forme de l'éruption et sa marche, etc.); et, par
suite, il a eu pour but de *substituer* cette petite vérole
des vaches, après l'avoir reconnue dans sa transmission
à l'homme, toujours bénigne et *localisable*, à la petite
vérole des hommes, qui, toujours dangereuse, n'est
jamais circonscrite ni localisable par l'inoculation.

C'était, selon Jenner, la même maladie modifiée seulement, et non pas deux espèces de virus; c'était le même
but que celui de l'inoculation de la petite vérole, que
l'inoculateur du cowpox voulait atteindre, et par un
moyen analogue, car ce but définitif est de mettre ceux
qui ont été *vaccinés*, comme ceux qui ont été *inoculés*,
dans le cas de ne pas contracter la variole épidémique,
c'est-à-dire dans le cas de contracter une petite vérole
bénigne et locale, au lieu d'attendre sans cesse une petite
vérole maligne et générale. Or, ne fallait-il pas avoir
trouvé deux moyens bien analogues, s'ils ne sont pas
parfaitement semblables, pour produire à peu près le
même effet et obtenir le même résultat; et n'est-il pas
évident que le degré de virulence fait seul la différence qui
existe dans la cause première de la petite vérole des
vaches et celle de la petite vérole des hommes?

Je ne sais pas si je me trompe, mais je crains que les
mots aient fait tort à la chose : virus vaccin, vaccine, ne
donnent pas l'idée du mot anglais cowpox, «*cow*» vache,
«*pox*» variole, ou *variola vaccina*, petite vérole des
vaches, selon l'expression de Jenner, de Moreau, Husson
et beaucoup d'autres. Ils ne disent pas suffisamment et
clairement aux gens du monde la chose qu'il faut savoir,

c'est-à-dire que vacciner, *c'est provoquer la petite vérole des vaches*, toujours bénigne, pour ne pas attendre la petite vérole des hommes, toujours redoutable.

La petite commune de Fontaine-le-Bourg a été décimée pendant le mois de janvier, février et mars par des fièvres typhoïdes muqueuses; l'autorité n'a pas cru utile d'intervenir, c'était une de ces épidémies qu'on appelle circonscrites ou de *petite localité*. Généralement, ces petits foyers épidémiques sont forts dangereux, ils se fixent dans les familles, et souvent ils ont donné des exemples de contagion ou de transmission qui ont justifié la mesure de l'isolement des malades.

10ᵉ ÉPIDÉMIE, 1845. Fièvres typhoïdes.

Des causes d'insalubrité locale expliquent assez souvent la concentration de la cause méphitique ou sa virulence, et sous ce rapport, quoique peu importantes en vue des masses, ces épidémies sont dignes de l'attention des hommes de l'art et de l'autorité chargée de répandre et de mettre en action les règles de l'hygiène publique.

Pendant toute l'année 1848 et une partie de 1849, il a été observé à Rouen un grand nombre de maladies d'yeux, d'une nature particulière épidémique et certainement contagieuse. Les enfants en ont été pris plutôt que les adultes. Les vieillards n'en ont pas offert d'exemple; souvent dans la même famille plusieurs individus ont été atteints, et toujours de la même manière.

11ᵉ ÉPIDÉMIE, 1848. Ophtalmie purulente.

Il faudrait une dénomination complexe pour en donner une idée, car plusieurs parties de l'œil étaient atteintes

presqu'en même temps. La conjonctive palpébrale commençait à se tuméfier , et à prendre une coloration particulière en *rouge-brun*, la conjonctive oculaire suivait
bientôt , et ensuite la cornée elle-même devenait le siège
d'un travail suppuratoire et destructif de ses lamelles ; en
même temps et dès le commencement, une vive sensibilité
s'emparait de la rétine ; la lumière la plus douce ne pouvait être tolérée.

Les enfants des salles d'asile , des crèches et des écoles
primaires, ont été plus particulièrement atteints de cette
maladie , dont le plus grand nombre a été traité à l'hospice.

Du reste i en a été observé dans tous les quartiers de
la ville , mais surtout dans les habitations et sur des personnes malproprement tenues.

Plusieurs malheureux sont devenus aveugles !

J'ai donné des conseils à un certain nombre de personnes atteintes de cette maladie épidémique, en ma
qualité de médecin oculiste des quatorze bureaux de bienfaisance de la ville , et de médecin de la crèche et de la
salle d'asile Saint-Maclou qui sont les plus chargées ,
et j'ai vu que ce qui réussissait le mieux était, dans le commencement du mal , des lotions fréquemment répétées
avec une légère solution de sulfate de cuivre ou de su-
blimé , et quand il était développé : 1° un vésicatoire sur
le cou : 2° des lotions de l'œil avec une légère solution
d'iodure de potassium et une décoction de pavot, alter-
nativement, 3° l'application faite tous les jours , une ou
deux fois , d'une sangsue à l'un des angles des yeux pendant huit, dix, quinze et même vingt jours de suite, jus-

qu'à disparition de l'inflammation, 4° une grande propreté des chambres et des personnes.

Enfin l'épidémie de choléra de 1849, dont le passage dans l'arrondissement de Rouen fait l'objet du travail qui commence ce Mémoire, complète le tableau des maladies que j'ai eues à observer, soigner et décrire, pendant les vingt-deux années de mon exercice comme médecin des épidémies ; je n'ai rien à ajouter à ce que j'ai dit dans mon rapport à l'autorité et au Conseil d'hygiène ou à la Commission sanitaire. Je me bornerai seulement à placer ici un tableau comparatif des deux épidémies de 1832 et 1849. Je dois ce tableau à l'obligeance de mon ami M. Ballin, qui était, en 1832, chef de la division du secrétariat à la Préfecture, et qui recueillit alors, avec autant de soin que l'a fait, en 1849, son digne successeur, M. Dieuzy, tous les documents relatifs aux deux épidémies ; il réunit tout ce qui s'est passé dans le département à ces deux époques de déplorable mémoire ; nous le ferons suivre de quelques remarques ;

12e ÉPIDÉMIE, 1849.

Choléra.

Suit le tableau :

ETAT comparatif des cas de choléra-morbus constatés dans le département de la Seine-Inférieure, en **1832** et en **1849**.

ARRONDISSEMENTS.	1832.		1849.		OBSERVATIONS.
	NOMBRE de				
	Malades.	Morts.	Malades.	Morts.	
Dieppe.	891	488	247	159	En 1832, la maladie a duré du 8 avril au
Hâvre	1062	519	1227	564	10 décembre, ce qui fait plus de 8 mois.
Neufchâtel. . . .	134	94	37	21	En 1849, elle a duré de novembre 1848 à
Rouen.	3601	1472	1759	954*	novembre 1849, ce qui fait 12 mois.
Yvetot.	502	231	53	21	
TOTAUX.	6190	2804	3323	1719	* Le tableau placé à la page 42 indique les chiffres 1706 cas et 942 décès; c'est qu'ici on a pu y ajouter les cas épars.

Remarques. Pendant la dernière invasion , le choléra a sévi plus longtemps et plus cruellement, quoiqu'il ait fait moins de victimes ; en 1832, la mortalité a été de 45 sur 100 malades , tandis qu'en 1849 , elle s'est élevée à près de 52.

En 1832 , on avait distingné les sexes , il y a eu :

Masculin : 2,638 malades, 1,222 morts, soient 46 p. 0/0.
Féminin : 3,552 — 1,582 — — 44 1/2 p. 0/0,
d'où l'on voit que les femmes ont été plus maltraitées que les hommes , quoique la mortalité ait été moins considérable proportionnellement au nombre des malades. En 1849, on a omis de constater de suite cette différence ; cependant, d'après les renseignements que j'ai pris, je puis dire que , dans cette seconde épidémie , le sexe féminin s'est montré aussi plus apte à contracter la maladie, mais qu'il a été plus fort pour y résister.

Il en a été à peu près de même à Rouen ; suivant les notes conservées avec un grand soin par M. Mauduit , secrétaire de la Commission sanitaire , le nombre des cas a été de 524, et sur ce nombre on a compté 277 du sexe masculin et 247 du sexe féminin; les décès , au nombre de 397, ont frappé 213 du sexe masculin et 184 du sexe féminin.

A Elbeuf , sur   127 décès il y a eu 55 hom. et 72 fem.;
A Oissel, sur   99 —   —   56 hom. et 43 fem.;
A Bondeville sur 45 —   —   18 hom. et 27 fem.;
A Maromme sur 30 —   —   14 hom. et 16 fem.;

Il n'y a pas de conséquences pratiques à tirer de ce fait , que, dans une épidémie , c'est un sexe qui a souffert plus qu'un autre ; cependant il est convenable de noter les faits comme les anomalies, lorsqu'il s'agit de la même maladie.

N'est-ce pas une de ces anomalies, que de voir certaines localités, en tout pareilles à certaines autres, ménagées en 1832 et abimées en 1849 ? Ainsi l'a montré Lillebonne qui n'eut pas un seul cas de choléra en 1832, et qui été si maltraitée en 1849. — 150 décès sur une population de 3,000.

Si les *saisons* ont une influence vraie et bien observée sur certaines épidémies, il est certain qu'elles n'en ont eu aucune sur le développement, la marche, ou la terminaison du choléra. On a vu ce fléau croître et finir sous toutes les conditions atmosphériques de chaud et de froid, de sec et d'humide, ou de position astronomique.

Travaux sur le choléra de 1832. Ces observations décevantes de pratique médicale n'ont pas empêché les médecins de s'empresser et d'agir auprès des malades, comme d'étudier dans le recueillement du cabinet ; en 1832, nous avons dû à ces études plusieurs Mémoires, et notamment un livre intitulé : *Souvenirs du Choléra à Rouen*, par M. le docteur Hellis, médecin en chef de l'Hôtel-Dieu.

Les rapports de MM. les médecins des épidémies du département, ont été riches de documents importants. Je rappellerai pour l'arrondissement de Rouen, l'*enquête hygiénique* que nous allâmes faire canton par canton, en présence de tous les maires, afin d'organiser des bureaux de secours, et de faire disparaître d'avance les causes d'insalubrité existantes dans les communes.

L'épidémie de 1849, quoique moins répandue et bien moins meurtrière, a cependant donné lieu à des travaux dont on devra conserver le souvenir , surtout au point de vue hygiénique.

M. Liépard , médecin à Fécamp , qui a , le premier , assisté à l'invasion du choléra dans notre département, a fait un excellent travail sur l'épidémie d'Yport et de Fécamp.

Ouvrages
faits
à l'occasion
du
choléra de 1849.

M. Lecadre , médecin des épidémies de l'arrondissement du Havre , a suivi l'épidémie dans les diverses localités ; Yport, Fécamp, Octeville , Sanvic , Graville , Ingouville et le Havre, où le choléra est apparu dans le courant de mars. Diverses propositions sur les améliorations à introduire dans ces localités , sont développées dans le travail de M. Lecadre.

M. le docteur Lechaptois, de Lillebonne, a publié les faits recueillis dans cette petite ville, et par ses observations sur sa topographie , sur les causes d'insalubrité qui s'y remarquent, il a appelé l'attention spéciale du Conseil d'hygiène publique et de l'administration , qui ont trouvé dans ce travail un précieux enseignement.

M. le docteur Beauregard a adressé au Conseil un mémoire sur l'épidémie de *Graville* , lequel se fait remarquer par des observations excellentes sur les vices de la localité , et les améliorations sanitaires à y introduire.

M. le docteur Mérielle , médecin en chef de l'Asile des aliénés de Rouen (section des femmes), a adressé à l'Académie de Rouen un travail fort curieux sur l'invasion et la marche du choléra dans l'intérieur de l'Asile des aliénés de Rouen. C'est le 2 mars que le fléau a fait irruption dans une division qui n'a aucune communication avec l'extérieur. La propagation s'est faite ensuite d'une manière bizarre , en sautant d'une cour dans une autre, aux deux extrémités de la maison; 37 individus ont été atteints , et 1 seul a échappé.

M. de Smyttère , médecin en chef de l'asile Saint-Yon , pour la section des hommes , a aussi fait des observations dignes de remarque sur la même invasion.

J'ai lu , dans la *Gazette des Hôpitaux* du 22 mai 1849, dans la reproduction des travaux de l'Académie de médecine : « M. de Smyttère écrit que l'épidémie a sévi sur les aliénés paralytiques hommes ; le choléra s'est d'abord montré dans le quartier des hommes le moins encombré , et n'a débuté que douze jours plus tard dans celui des femmes, qui l'est beaucoup plus, et qui est contigu au premier ; dans ce dernier quartier, il n'a frappé aucune aliénée paralytique. »

M. de Smyttère termine en disant que les premiers hommes atteints de choléra n'ont présenté ni selles , ni vomissements , ni crampes; qu'ils étaient foudroyés et asphyxiés comme par défaut de circulation et d'innervation.

M. le docteur Le Brument a publié des conseils sur l'hygiène en temps d'épidémie ; l'utilité de ce travail a été apprécié autant que la science du praticien et de l'écrivain.

Il me reste le devoir, pour terminer cet article , d'indiquer le nom des personnes auxquelles il a été décerné des récompenses nationales par un décret du mois de décembre 1849.

La décoration de la légion d'honneur a été accordée à M. le docteur Lecadre , médecin des épidémies de l'arrondissement du Havre, et des médailles d'honneur ont été décernées dans l'ordre suivant à MM. :

Le docteur Vingtrinier, médecin des épidémies de l'arrondissement de Rouen ;

Le docteur Duchesne père, à Pavilly ;
Levasseur, élève interne à l'Hospice de Rouen ;
Liépart, médecin à Fécamp ;
Fauvel, médecin à Pavilly ;
Bourdin et Lasnel, à Lillebonne ;
Avenel à Rouen ;
Aubé, élève à l'Hospice de Rouen.
Lechaptois, docteur médecin à Bolbec ;
Debroutelle, médecin de l'Hospice de Dieppe ;
Rebut et Maucomble, médecins à Darnétal ;
Bataille à Maromme ;
Beauregard à Graville ;
Dieuzy, chef de la division du secrétariat, à la Préfecture ;
Désirée Belliard, sœur-institutrice, à Pavilly ;
Héloise Brunet, religieuse de l'Hospice-Général de Rouen ;
Catherine Terrin, première infirmière de l'Hospice-Général de Rouen ;
Taupin, garde-malade à Harfleur ;
Normand, dame de charité, à Ingouville ;
Thérèse Lemarchand, dame de charité, à Ingouville ;

Nous devons regretter que le nombre des médailles ayant été limité se soit trouvé insuffisant, à beaucoup près, pour récompenser tous ceux qui, dans ces douloureuses circonstances, se sont honorés par leur actif dévouement.

Pour moi, comme médecin des épidémies, j'ai été se-
condé ou éclairé par beaucoup de personnes que j'ai cru
de mon devoir de nommer dans mon rapport à Monsieur
le Préfet; je dois des remercîments particuliers à
M. Brohie. maire de Bondeville, à M. Bézuel, maire de
Pavilly. à MM. Deshommais. Bertran et Vignerot, commissaires de police, avec lesquels j'ai fait des visites dans
toutes les maisons garnies, les casernes, les rues et lieux
ordinairement mal tenus.

MM. Desbois, Poidevin. Gaillard, Levasseur, Lescane,
médecins, qui ont vu le plus de cholériques, m'ont donné
aussi avec obligeance des renseignements qui m'ont été
utiles.

La tâche qui m'était imposée pourrait être considérée
comme achevée, mais je crois devoir saisir cette occasion
pour publier des notes, qu'à l'époque où j'étais encore
étudiant, j'ai recueillies sur deux autres grandes calamités
dont le souvenir ne doit pas être perdu. Je serai concis.

13ᵉ ÉPIDÉMIE.

Typhus.

L'une a été la fièvre des prisons, ou le *typhus*, qui
s'est développée dans la grande maison de détention.
contenant 700 prisonniers, en 1814 et en 1818.

Le docteur Blanche, de regrettable mémoire, décédé
en 1847, médecin en chef de l'Hospice Général, était à
cette époque médecin des prisons; je le vis nous donner
l'exemple des devoirs et des peines que doit prendre
l'homme de l'art dans ces tristes événemens. Il faillit lui-
même succomber au typhus. La Société de médecine de
l'Eure a imprimé dans ses actes du trimestre d'avril 1819
la relation complète que j'ai faite de cette maladie, aussitôt
que je fus adjoint au service de santé des prisons.

Mais c'est surtout de cette autre et mémorable calamité
de 1814, que j'ai gardé le plus triste souvenir !... Mémorable en effet à plus d'un titre dans l'histoire des épidémies qui ont fait de nombreuses victimes en France !

Des désastres dont on voudrait perdre la mémoire,
amenèrent, de la campagne de France, un grand nombre
de blessés vers Paris; les hospices de la Capitale étaient
encombrés, et le typhus y régnait. Le ministre décida de
faire descendre la Seine à un certain nombre de bateaux
chargés de malheureux soldats de toutes les nations.

Rien n'était prêt à Rouen, mais il y avait heureusement,
à la tête de l'administration municipale, un homme ca-
pable de lutter avec les grands événements, et le dépôt
de mendicité, déjà à peu près abandonné, fut immédiatement, c'est-à-dire en 48 heures, parfaitement organisé
en hôpital Il n'est pas sans intérêt de savoir comment
s'y prit l'habile administrateur. Les habitants de la ville
furent prévenus par des affiches qu'il allait arriver un
grand nombre de blessés et de malades atteints du typhus,
que chacun devait se préparer à en recevoir; toutefois
en seraient exempts, disait-on, « ceux qui auraient en-
« voyé, dans *les vingt-quatre heures*. une couchure com-
« plète, ainsi qu'il était indiqué dans l'affiche. »

Le 13 février 1814, il arrivait 300 malades au cours; le
15 février, 500, et ainsi de suite jusqu'à 3 ou 4 milliers.
Mais dans quel état, grand Dieu !! On voyait sortir un à
un de ces tristes bateaux, véritables cloaques flottants, ces
pauvres militaires blessés, couverts de haillons, et ce qui
était plus affreux, atteints du typhus et couverts de gale
et de vermine !

Le maire, M. Lézurier-de-la-Martel, présidait alors à

tous ces pénibles soins, et cherchait en ce jour à préserver sa ville de la funeste maladie qu'apportaient tant d'hôtes pestiférés à la suite de la guerre. Une année plus tard, il devait lui rendre un autre service, en la garantissant d'un autre fléau apporté encore par des étrangers : l'occupation. M. Lézurier, disais-je, présidait à ce douloureux débarquement de blessés, de morts et de pestiférés, et, à côté de lui, on voyait le docteur Vigné, qui, sans souci de la contagion pour lui-même, examinait les malades, les pansait, et mettait en état de pouvoir être transportés ceux qui n'avaient pas cessé de vivre. De leur côté, les docteurs Boismare, médecin, et Jourel, chirurgien, attendaient à l'hospice Saint-Yon les pauvres voyageurs, pour les soigner aussi avec une ardeur que rien ne put ralentir que la maladie et ..... la mort !

Pendant tout le temps de ce service pénible et dangereux, les administrateurs et les médecins rivalisèrent de zèle.

Tant de courage et de vertus civiques ne pouvaient rester sans récompenses. Aussi le président de la Commission administrative des hospices reçut-il une distinction justement méritée ; c'était M. de Martainville, qui dirigeait personnellement et journellement l'ensemble de l'administration si pénible et si difficile de cet hospice improvisé.

De son côté, le service de santé devait recevoir aussi sa récompense, et il la reçut en effet.... ! Il vit s'élever un *monument* en l'honneur de l'un de ses médecins, le docteur Boismare ; mais ce monument, ce fut une *tombe !* Tombe honorable, autour de laquelle s'en sont groupées quatorze autres pour autant de religieuses, une pour le chapelain, six pour de jeunes étudiants en médecine, dignes émules de leurs maîtres, et plus de cent pour les gens de service ! (1)

Honneur, cent fois honneur à tous ces braves gens ! Mais aussi honneur, cent fois honneur à ceux qui ont persévéré avec courage, et qui, malgré tant de pertes, ont toujours voulu continuer à lutter avec le fléau. Eux aussi pourtant ils auraient bien mérité une récompense...... Que ce souvenir les dédommage...! De ce nombre, je puis encore nommer quelques anciens condisciples, les docteurs Billard et Courtillet, comme moi aujourd'hui vieux praticiens de Rouen ; le docteur Motte, médecin aux Andelys, qui fut d'un grand secours au chirurgien, le docteur Jourel, qui aimait à le rappeler.

Cet épisode se passait au commencement de 1814, c'était la première année de notre initiation aux études médicales. Nous vîmes alors avec un vif intérêt et une amère douleur un si grand désastre, triste résultat de la guerre, bien propre à faire apprécier combien la gloire fait de victimes, et combien elle coûte de larmes !!

Après avoir exposé tout ce que nous savions des maladies épidémiques que des circonstances passagères ont amenées nous allons dire quelques mots de celles que des circonstances permanentes entretiennent dans nos contrées, c'est-à-dire des *Endémies*.

MALADIES ENDÉMIQUES.

1° On peut considérer comme *endémiques*, les fièvres intermittentes auxquelles sont exposés les habitants rive-

Fièvres d'accès sur la Basse-Seine.

(1) La maladie fit aussi des victimes en dehors des murs de Saint-Yon, plusieurs familles furent prises de typhus et y succombèrent.

rains de la basse Seine ; ainsi que nous l'avons vu , ce n'est
que rarement que ces maladies prennent un caractère
épidémique et pernicieux.

2° Les anciennes traditions médicales ont fait connaître que la ville de Darnétal était le siége endémique
d'une dyssenterie rebelle aux médications; nous avons conservé en mémoire les observations qui ont été faites à ce
sujet dans la séance d'installation du Conseil de salubrité
par notre confrère M le docteur Flaubert , de regrettable
mémoire , et nous avons plusieurs fois interrogé les praticiens de Darnétal.

Il est certain que le nombre des dyssenteries observé
aujourd'hui dans cette localité , n'a plus rien d'anormal ,
et que dans tous les cas , le régime alimentaire en serait
plutôt la cause que les conditions hygiéniques. Il est
vrai que depuis l'administration de l'honorable M. Cuvelier , cette ville a obtenu des améliorations notables sous
le rapport de la salubrité , comme l'élévation , l'élargis-
sement et le cailloutage des rues , l'éloignement des cimetières , la construction de plusieurs fontaines d'eau
vive , etc. ; et , si un jour on peut obtenir le pavage et l'é-
coulement des eaux , Darnétal sera placé dans toutes les
conditions hygiéniques qu'il soit possible d'y réunir.

3° On remarque dans quelques villages situés sur les
plaines sablonneuses du bord de la Seine , et plutôt au-dessus qu'au dessous de Rouen , un certain nombre de femmes atteintes de *goître* ; quelques garçons ont aussi le
cou gros. Les habitations qui touchent aux roches , quoique plus voisines du fleuve , semblent être protégées
contre cette infirmité. Ainsi j'en ai vu à Cléon , Caudebec-

lès-Elbeuf, Oissel, Saint-Étienne, Petit-Couronne, qui
sont sur des sables, et je n'en ai pas vu à Elbeuf, Orival,
Dieppedalle, qui sont à l'opposite, sur les bords de la
Seine, contre des roches.

4° Sans considérer la teigne, cette dégoûtante maladie,
comme *endémique* dans aucune localité de notre département, je dirai qu'elle y est cependant en plus grand
nombre dans quelques cantons de l'arrondissement de
Dieppe et de Neufchâtel, que dans aucun autre ; il y a là
des familles entières, et même de la classe aisée, parmi
les cultivateurs, qui, par habitude, avarice ou insouciance,
ne font aucun effort pour s'en guérir. C'est de ces familles
qu'on voit sortir la plupart des garçons qui sont dispensés
du service militaire pour cause de *teigne*.

Cette maladie est *contagieuse*; j'en ai eu plusieurs fois
la preuve bien constatée dans le quartier des *jeunes détenus* de la maison de correction. Or, à ce titre, l'administration ne serait-elle pas fondée à exhumer quelque article de ces anciennes ordonnances, si minutieusement
sévères et prévoyantes à l'égard des malheureux atteints
de lèpre? (La teigne en est probablement le reste hi-
deux.)

Il y aurait cependant un moyen d'éviter la contrainte
ou l'isolement qui répugnent à nos mœurs; ce serait de
rechercher et de publier tous les remèdes secrets que la
pratique a fait reconnaître les meilleurs. On compte un
très grand nombre de ces procédés secrets; mais, dans
notre département, il en est trois qui sont presqu'exclusi-
vement mis en pratique, ce sont : 1° à Dieppe, le procédé
dont le secret et la pratique appartiennent aux Dames de

la Providence, qui dirigent l'école manufacture de dentelles et les orphelines de Dieppe.

2° A Rouen, le procédé d'une dame Picard qui a été autorisée par l'administration à traiter les prisonniers atteints de teigne, et qui en a en effet guéri un grand nombre sous mes yeux depuis douze ans.

3° Enfin, c'est, partout, le procédé de M. Mahon, aujourd'hui pratiqué par MM. Vaconssin et Zwinguer, lequel paraît l'emporter sur les autres.

Les médications conseillées par les médecins, ne sont pas, il faut en convenir, aussi certaines, aussi promptes, ni aussi peu coûteuses que celles-ci ; toutefois, je dirai que des essais nombreux m'ont conduit à considérer comme curatifs de la teigne, le chlorure de chaux et le sulfate de fer. Je les ai employés en lotions et en pommade, et j'ai vu guéries des teignes très anciennes, après six mois d'un traitement assidu.

Dernières réflexions. Maintenant, l'esquisse que je voulais tracer est terminée ; quelques réflexions doivent la clore.

1° Après trente-deux ans de pratique, nous eussions bien voulu faire profiter la science du fruit d'études ayant conduit à quelque résultat certain, en ce qui concerne les causes éloignées ou locales des épidémies, et surtout les moyens préventifs ; mais, nous l'avouons en toute humilité, la médecine, curative au lit des malades, n'est guère aidée par la médecine hygiénique, quelque importance qu'on y attache et quelques soins qu'on prenne. Toutefois, si les mesures hygiéniques ne détruisent ou n'atténuent pas la maladie elle-même chez les sujets atteints, il est indubitable qu'elles en diminuent le nombre ;

et c'est cette conviction qui m'engage à recommander de nouveau à l'autorité les propositions hygiéniques que j'ai placées plus haut en terminant mon rapport sur le choléra ; la salubrité publique y est intéressée.

2° On remarquera que nous n'avons pas entouré nos essais de dissertations sur les constitutions médicales, ou sur ces génies morbides, dont quelques maîtres ont parlé dans leurs observations. C'est que nous croyons qu'il y a beaucoup à revoir dans les anciennes dénominations qui sont indiquées, particulièrement dans le livre de Lepecq de la Clôture, comme constitutions médicales : atrabilieuse simple, atrabilieuse putride, atrabilieuse phlegmatique, morbilleuse, humorale, putride-scorbutique, vermineuse, intercurrente, catarrhale miliaire-putride, inflammatoire, bilieuse.....

M. le professeur Piory a déjà commencé la réforme en proposant de dire :

Toxémies Pestilentielle.
— Hippique.
— Varioleuse.
— Morbilleuse (rougeole).
— Scarlatineuse.
— Syphilitique.
— Cholérique.

3° Quant aux détails très circonstanciés des observations météréologiques, nous avouerons encore que nous n'avons pas pu leur devoir aucune reconnaissance, soit pour prévoir, soit pour arrêter, soit pour traiter les maladies, et qu'au point de vue médical et pratique, nous croyons qu'elles ne servent absolument à rien.

5

4⁰ En ce qui concerne les rapports du médecin avec l'administration, je dirai ici que je me suis toujours pénétré de l'esprit et des prescriptions qui sont parfaitement indiquées dans la première instruction ministérielle qui ait réglé le service des épidémies, si ce n'est en ce qui touche les honoraires accordés. A cet égard, j'ai pensé que les médecins devaient considérer comme une indemnité suffisante, la fonction elle-même, parce qu'elle était honorée à un haut degré par l'instruction ministérielle ; en effet, on y lit :

« Cette mission est assez honorable pour que les mé-
« decins les plus habiles et qui jouissent de plus de consi-
« dération, désirent qu'elle leur soit confiée. Je ne doute
« pas, Monsieur le Préfet, que vous n'ayez la facilité
« de choisir parmi les plus instruits et les plus expéri-
« mentés. »

Voir l'instruction ministérielle signée Champagny, datée d'Alexandrie, le 12 floréal, an XIII, ou 2 mai 1805.

5° Pendant la durée de ces jours néfastes, dont quelques-uns furent véritablement des jours d'affliction et de terreur, j'ai eu, en même temps que des conseils médicaux à donner, des espérances à répandre chez tous les malades et des secours à distribuer; car les misères étaient grandes, et j'ai vu beaucoup de ces misères !..... Eh bien ! je dois le dire ; en face de ces grandes calamités, j'ai rencontré rarement l'égoïsme ; au contraire, j'ai été fort souvent touché des actes de dévouement et de générosité de beaucoup de personnes de toutes les classes de la société, riches et pauvres. J'ai toujours gardé ce bon souvenir, et je l'assure, bien plus profondément que

celui des fatigues que m'ont données mes déplacements,
mes nombreux travaux écrits, ou les inquiétudes insé-
parables d'une grande responsabilité. Heureusement! car
cette sympathique collaboration, offerte par beaucoup de
bons citoyens, quelques marques de reconnaissance ou
d'estime, et, enfin, la satisfaction d'avoir pu répandre
moi-même un peu de bien au milieu de tant d'infortunes
et de souffrances, seront toujours pour moi de véritables
récompenses, en même temps que des souvenirs honorables.

TRAVAUX PUBLIÉS PAR LE DOCTEUR VINGTRINIER,

DEPUIS 1818.

Sur les sciences médicales.

1818. — Dissertation sur l'opération de la pupille artificielle.

Éloges académiques, et Résumé des travaux des docteurs
Lamauve, décédé en 1821, médecin en chef de l'Hospice-Général de Rouen.

Jourel, ancien chirurgien de l'hospice Saint-Yon et
des Prisons de Rouen, décédé en 1828.

Vigné, ancien médecin de l'Hopice-Général, décédé
en 1844.

Stanislas Navet, fondateur de la Société Humaine,
à Dieppe, 1845.

Observations de quelques cas rares : deux trumbus vul-
vaires ; une tumeur squirreuse développée dans la fosse
occipitale et excrue de la dure-mère, suivie de *cécité ;*
fait d'un *suicide* par deux coups de feu mortels, l'un
au cœur, l'autre à la tête, ayant pu faire croire à un
assassinat ; cas d'hydropisie considérable du septum
lucidum (125 gr. d'eau), chez un hydrocéphale, 1822.

Sur l'action des saignées locales et générales, mémoire
qui a obtenu l'accessit au concours de l'Académie des
sciences de Dijon, en 1827.

Sur l'emploi de l'Émétique à haute dose, observations
qui l'approuvent, 1827.

Sur la Théorie de la vision et l'action des verres convexes
et concaves sur la rétine.

TRAVAUX PUBLIÉS PAR LE DOCTEUR VINGTRINIER,

DEPUIS 1848.

~~~~~~~

Sur des questions philanthropiques.

Notice sur les Prisons de Rouen, 1826, in-8° 72 pages.

Mémoire sur les Réformes à apporter aux lois pénales ; discours de réception à l'Académie de Rouen, 1828.

Des Aliénés dans les prisons, 1836.

Des Pénitenciers des enfants et des Sociétés de patronage en France, 1839.

Des Prisons et des Prisonniers, 1 vol in-8° 1840 ; ouvrage qui a mérité à l'auteur une médaille d'or, de la part de la Société de la morale chrétienne.

Mémoire sur l'extinction de la mendicité, inséré dans le journal de la Société de la morale chrétienne, n° de juin 1842.

De l'École-manufacture de dentelles de Dieppe, (dirigée par les sœurs de la Providence) considérée comme établissement industriel et de bienfaisance, et proposition faite à la Société d'Émulation de décerner une médaille d'or à cet utile établissement. 1842.

De la Statistique criminelle du département, et des infanticides en particulier, 1826.

Mémoire sur la 62e question posée par l'Association normande, dans sa session de 1842, à Rouen, «de la meilleure règle à introduire dans un pénitencier d'enfants » ; l'auteur a reçu de l'Association une médaille d'honneur pour publication d'écrits utiles.

Sur les sciences médicales.

Des Monomanies et en particulier de la monomanie homicide.

Observation d'opération de pupille artificielle, sur un prisonnier qui, après avoir été condamné à mort, en 1830, a été mis en *liberté* dans la même année.

1838. — Sur la Police des cimetières, la vérification des décès et les moyens d'éviter l'inhumation de personnes vivantes.

De la *Vaccine* considérée comme une véritable *variole*, et non comme antidote propre à détruire le germe d'une autre maladie. Mémoire qui a été jugé digne d'une médaille en vermeil, dans la distribution des prix de vaccine, faite par le Comité central du département, en 1842.

Mémoire sur la question débattue entre M. Moreau de Jonnès, membre de l'Institut, et M. le docteur Parchappe, sur l'influence relative des causes physiques et des causes morales de la folie, et réflexions sur le vice des classifications des maladies mentales ; 1844.

Observation d'un Tétanos, guéri par l'emploi de la morphine, administrée par la peau, à la surface de très grands vésicatoires établis sur les gouttières vertébrales, suivie de réflexions sur la responsabilité médicale, 1845.

De l'emploi médical de l'Huile de foie de raie et de morue, et analyse de ces huiles par MM Girardin et Preisser, 1843.

Rapports sur le service de santé des prisons de Rouen, au Conseil de salubrité et en justice, etc., etc., etc.

Sur les questions philantropiques.

Tableau des Sociétés de secours mutuels à Rouen, et proposition faite à la Société d'Emulation, de décerner des médailles d'honneur à trois d'entr'elles, séance publique du 6 juin 1843.

Coup d'œil philosophique sur la Direction des travaux de la Société d'Emulation, à diverses époques, depuis son origine; discours prononcé comme président dans la séance du 6 juin 1843.

De la statistique spéciale des maisons de répression et de ses conséquences, 1845.

Examen et conséquences des comptes de la justice criminelle, publiés par le Ministre de la justice, depuis 1825.

Mémoire envoyé au concours ouvert par l'Académie de Nîmes, sur cette question : De l'influence que l'application des circonstances atténuantes, au grand criminel, a exercée sur la bonne administration de la justice.

Sur la Question posée par le Congrès pénitentiaire, dans la session de Bruxelles, le 20 septembre 1847 : Du régime correctionnel à imposer aux jeunes détenus. (Voir le *Moniteur Belge* du 21 septembre.)

De la Déportation et des Colonies pénales, 1848.

De la situation des Sociétés de secours mutuels de Rouen, en 1843 et 1848 ; proposition de fusion entre les 14 Sociétés existantes; règlement nouveau; fondation d'une nouvelle Société sous le nom de *l'Alliance* 1er janvier 1850.

TABLE.

PREMIÈRE PARTIE.

DEUXIÈME PARTIE.

DES ÉPIDÉMIES.

www.ingramcontent.com/pod-product-compliance
Lightning Source LLC
LaVergne TN
LVHW021721080426
835510LV00010B/1074